台灣秘境鐵道旅

原來有這站

探訪山城聚落、海岸風景、
特色景點的火車深度漫遊提案

目錄 | Contents

目錄 | Contents

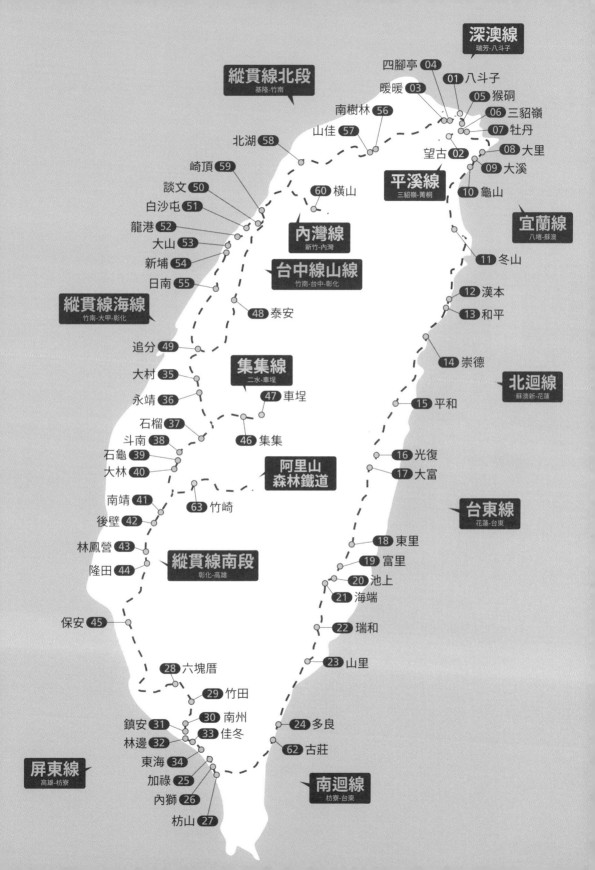

深澳線
瑞芳-八斗子

縱貫線北段
基隆-竹南

四腳亭 04
暖暖 03
南樹林 56
山佳 57
望古 02

01 八斗子
05 猴硐
06 三貂嶺
07 牡丹
08 大里
09 大溪
10 龜山

北湖 58
崎頂 59
談文 50
白沙屯 51
龍港 52
大山 53
新埔 54
日南 55

60 橫山

平溪線
三貂嶺-菁桐

宜蘭線
八堵-蘇澳

11 冬山
12 漢本
13 和平

內灣線
新竹-內灣

台中線山線
竹南-台中-彰化

縱貫線海線
竹南-大甲-彰化

48 泰安

14 崇德

北迴線
蘇澳新-花蓮

追分 49
大村 35
永靖 36
石榴 37
斗南 38
石龜 39
大林 40
南靖 41
後壁 42
林鳳營 43
隆田 44

集集線
二水-車埕

47 車埕

46 集集

15 平和

16 光復
17 大富

阿里山森林鐵道

63 竹崎

台東線
花蓮-台東

18 東里
19 富里
20 池上
21 海端
22 瑞和
23 山里

縱貫線南段
彰化-高雄

保安 45

28 六塊厝
29 竹田
30 南州
鎮安 31
林邊 32
33 佳冬
東海 34
加祿 25
內獅 26
枋山 27

24 多良
62 古莊

屏東線
高雄-枋寮

南迴線
枋寮-台東

01

八斗子車站

縫合山海距離的拉鍊

依山傍海的基隆，雖然有雨水時常來攪局，
但也攪和不了心中想看海的那股思緒。
在那多雨的海岸線上，
總會找到一個讓我們獨自浪漫的地方。

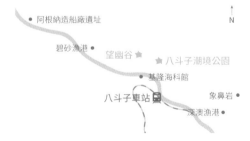

阿根納造船廠遺址
↑
N

碧砂漁港 · 望幽谷 · 八斗子潮境公園

基隆海科館

八斗子車站 象鼻岩 ·

深澳漁港 ·

2016 年時，基隆預告即將誕生一座號稱全台灣最美的看海車站，讓不少人心存好奇，這座車站是何方神聖？原來是很久很久以前，這裡原本就有的一條「深澳鐵路」，即將復駛。

平行鐵道從瑞芳車站拉出，穿過了基隆、來到八斗子，並繼續往水湳洞前進。這條名為「深澳線」的鐵道，是過去因支援 1960 年開始運轉的深澳火力發電廠，興建來運輸燃煤所用。曾試辦客運，又在 1989 年停駛客運，只剩下運煤列車行駛。隨著深澳電廠於 2007 年停機改建，深澳線也全面停駛、徒留軌道遺跡。

但火車不走，鐵軌依在，只要還存在著就有一絲希望。在基隆海科館站誕生後，深澳線終於盼到一股新的生機。為了方便遊客可以從平溪搭火車直通基隆的海科館，深澳線因此復駛，成為一條可以滿足看山及看海的鐵路。但這樣的連線，許多人認為可以更好，最後在地方人士協助之下，鐵道又從海科館延伸了一站，誕生了北台灣最美的「八斗子車站」。

從瑞芳出發，搭上深澳線，它就像是一條拉鍊，縫合了基隆的山與海。而八斗子車站就像是拉鍊頭一般，隨著火車走過，窗外的視野也在眼中結合成美麗風景。雖然基隆因地形的關係，時常下著綿綿細雨，但即便是陰雨天來到八斗子，一個人也不孤單，因為這裡有山、有海、有鐵道陪著你。山就是你的靠山，海就是你的眼簾，撐著雨傘，也覺得世界是寬敞的。

INFO

台鐵車站編號 _ 7362
所屬路線 _ 深澳線
位置 _
新北市瑞芳區深澳里省道台 2 線旁
站體型式 _ 岸式月台二座
啟用日期 _
1967.8.25 - 1989.8.21
2016.12.28 日至今
上行車站 _ 無
下行車站 _ 海科館車站

周邊延伸景點

基隆海科館、潮境公園、
碧砂漁港、阿根納造船廠遺址、
深澳漁港、象鼻岩

潮境公園 · 拉開潮水線，我們與幸福最近的時候

基隆與瑞芳的邊界，有個遠離世外的小國度「潮境公園」。每到傍晚時分，接近無限的藍上掛著一抹月牙微笑，紅色與綠色的信號燈塔在海上交叉閃爍，指引夜航漁船回家的方向。我喜歡靜靜地坐在潮境公園內，聽海潮聲呢喃告訴我它的秘密。「潮境」指的是寒、暖兩潮流的混合區，因潮流交會，潮境公園附近的海域有相當豐富的魚類聚集，海潮帶來的自然恩惠，牽動著長潭里居民的生命脈動。

白天，潮境的天空有風箏翱翔，充滿著歡笑聲的草地上，好像那年追夢的勇氣，不怕一切的逆風高飛。傍晚平浪橋點上燈，漁船緩緩穿過橋下駛進了長潭里，劃開了一道長長的水線。浪花彷彿朗頌起一首漁歌，歡迎遠洋的船長凱旋歸來了。當浪花拍打在大片的海蝕平台上，奏出一首讓人忘憂的旋律，潮境公園的海潮聲有著讓人療癒身心的功效，比起熱鬧的海科館，這裡的悠閒更顯得珍貴，唯有親身靜靜聆聽過，才懂。

園區地址 _
基隆市北寧路 369 巷

望幽谷 · 屬於自己的 100 種幽靜方式

從潮境公園步道一路延伸，這裡是「望幽谷」，也名「忘憂谷」。蜿蜒的步道高高低低起伏，讓人摸不著頭緒是前往哪裡。但隨著步道走到了高處，V 字型的綠色山谷映入眼簾，搭配眼前的海景，真的會使人「忘」掉所有煩「憂」。

忘憂谷設有多條步道，有的可漫步至海灘，更有與野柳類似的豆腐岩與海蝕地形等特殊地質景觀，還可透過步道延伸串連至周邊的潮境公園一遊。爬到頂端時，白天遠望著海上繁忙的漁船，海那一端的基隆嶼，靜靜地守護著基隆的世世代代。時序來到傍晚，漁船變成了漆黑大海的最美燈飾，海面漁火點點，像灑了一盤的珍珠。來到忘憂谷，日夜都有不同風情使人流連。

許多遊客會從潮境公園那一頭沿著 101 高地、85 高地、65 高地慢慢散步上山，或是從八斗子漁港這一側逆向而行。不管怎麼走，都會發現因視野角度不同、展望出去的風景不同，而感到驚喜。

景點位置 _ 基隆市中正區北寧路 21 號

拜訪小叮嚀

· 八斗子車站為無人管制站，僅停靠深澳線區間車，無票旅客需自行上車補票，或於月台處利用電子票證感應扣款。

· 潮境公園深藏暗流，切記勿任意下水遊玩。

02 望古車站

黑夜螢光裡找尋消失的盤古

幾隻螢火蟲在小溪旁飛舞，抬頭有月光、低頭是螢火，
望古的黑夜，讓人充滿了想像。
瞳孔在黑暗中放得特別大，卻找不到那開天闢地的盤古。

N

十分瀑布

十分老街

望古瀑布
慶和斷橋　　望古車站

嶺腳老街
嶺腳瀑布

在熙來攘往的平溪線上，仍有幾座乏人問津的小車站，它們與世無爭的座落在沿線中，享受著喧鬧中的一片靜好。沿線中，望古車站不僅是一座無人車站，更是一座充滿清幽、空靈感的小站。

搭乘平溪線小火車過了十分車站後，車上的乘客也少了大半。雖然只有一站之隔的距離，來到了望古車站，卻有著不同的空氣與氛圍。原名慶和車站的望古車站，因應採礦運輸需求而設置，後來煤礦停產後，才正式改名為當地村落的名字「望古」。

無人管理的望古車站，旅客可以自由進出月台層，長長的月台末端連接了出口，出口旁僅有幾戶人家，沒有老街、沒有天燈，有著是平溪山城特有的寧靜與空靈。大多人會搭乘列車至此都是為了要前往望古瀑布，而這座小站旁有一座慶和吊橋遺跡，它與望古車站共存了半個世紀，見證了「慶和煤礦」設立後帶來的繁華，也目送了最後一批礦工下班後，那離去的身影。

由於望古車站附近的畫面非常靜美，無污染的環境在四月底、五月初的傍晚，鐵道兩旁皆是紛飛的螢火蟲；大雨過後更能看見層山堆疊、煙嵐裊裊的美麗風景，不僅吸引了許多攝影師前來取材，連 G.E.M. 鄧紫棋的「很久以後 Long After」MV 都特別來此取景，是許多攝影玩家眼中的秘景車站。

INFO

台鐵車站編號 _ 7333
所屬路線 _ 平溪線
位置 _ 新北市平溪區望古里
站體型式 _ 平面車站
啟用日期 _ 1972.07.30
上行車站 _ 十分車站
下行車站 _ 嶺腳車站

周邊延伸景點

望古瀑布、慶和斷橋、嶺腳瀑布、
嶺腳老街、十分老街、十分瀑布

望古瀑布 · 飛瀑之下的螢火蟲微光浪漫

每年四月至五月是台灣螢火蟲出沒的季節，而平溪的望古瀑布更是近年來深受攝影圈歡迎的螢火蟲拍攝聖地。每當螢火蟲季節到來，白天是網紅網美們打卡戲水場域的望古瀑布，入夜後好像換了一個場景，溪畔、瀑布邊總是擠滿了卡位的攝影師，只希望能夠透過自己的相機，捕捉下這黑夜中最浪漫的星點。由於當地天色昏暗，建議結伴前往，也請勿任意進入危險水域或到瀑布下遊玩，以策安全。

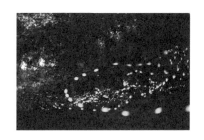

拜訪小叮嚀

· 望古車站僅停靠區間車。

· 由於平溪線班次不多，下車後也可以步行至附近公路，轉乘台灣好行或公車前往平溪其他景點。

03

暖暖車站

無論在什麼世代，暖暖都在

出社會後的生活，
步調快得讓人忘記了學生時期自由自在的快樂；
工作就像是枷鎖，一晃眼功夫，時間就飛逝了數年。
還記得第一次來暖暖是高中時、第二次來是大學時，
這回再訪，我已經是而立之年。

外木山沙灘

↑
N

崁仔頂魚市　●中正公園
　　　　　●基隆廟口

🚆暖暖車站
七堵夜市●七堵鐵道文化園區

●暖東峽谷

暖暖的陽光，呼應了窗外的風和日麗，沒有特急列車停靠的暖暖站，只能讓人搭著區間車，一站一站緩緩前進。而窗外的風景，也從都市叢林一幕幕抽換，換成了基隆河的河谷美景，一切好熟悉。下了區間車，陽光依然暖暖，刻意把耳機裡的音樂轉到了梁靜茹的「暖暖」，我就像是歌詞中說的，隨著火車搖擺的旋律，又來到了暖暖車站。

基隆的「暖暖」區，名字取得相當可愛，是台灣少數疊字的地名。地名由來為早期住在溪谷的平埔族社名「那那」轉譯音而來。還記得當年，梁靜茹的一首「暖暖」歌曲活潑輕快旋律，勾勒起我對「暖暖」這個車站的幻想，而充滿純真的 MV 場景，也大多是在暖暖車站的第二月台取景拍攝，喚起了一股大家前往暖暖車站的衝動。

站在同樣的第一月台位置上，望著平行鐵軌圍繞的邊界，車站的樣貌似乎也與我記憶中的有所不同了。沿著暖暖街散步，基隆河旁的小山丘，依舊綠意盎然；車站天橋轉角處，是欣賞基隆河美景最棒的秘密所在。回頭看看暖暖車站，就像是害羞的她藏在山凹處。早年的暖暖因為礦業發達相當熱鬧，居民以「九萬十八千」來表示暖暖街上有「九戶人家財產都過萬，十八戶人家財產破千」的景象，顯示當時暖暖地區相當繁榮。隨著礦業沒落，繁華離開了暖暖街，寧靜的街道讓人很難想像以前暖暖熱鬧的模樣，留下淡淡的小鎮風景。

多年時間以來，暖暖車站迎接了許多計畫，也曾經說要將車站高架化，以解除平交道、減少事故發生的風險。但許多計畫都無疾而終，這讓我想起了暖暖過去的命運。早期暖暖車站原有的木造站房，隨著暖暖街道擴建已被拆除，又在礦業退場後，公路逐漸取代了鐵路運輸的功能，讓暖暖車站不如以往熱鬧。年份來說，暖暖車站的老站房比集集車站還老，這樣的古蹟當時未能保存下來，非常可惜。能拆的都拆了，僅留下現在的月台及站牌，靜靜的守候著車站、守護著過去我在暖暖等車的記憶。

往宜蘭的區間車進站了！嚓嚓的列車聲打破了月台上的寧靜。一群背著書包的小學生下了車，純真的臉龐、掛滿喜悅的笑容，眼前這光景，與我當年初次來暖暖時的記憶雷同。區間車關起了門，看著暖暖車站的站牌離我越來越遠，就像是我曾經說過的，「再見！我們一定會再見。」

INFO

台鐵車站編號 _ 7390
所屬路線 _ 宜蘭線
位置 _ 基隆市暖暖區暖暖街 51 號
站體型式 _ 平面車站
啟用日期 _ 1919.05.05
上行車站 _ 八堵車站
下行車站 _ 四腳亭車站

周邊延伸景點

暖東峽谷、七堵夜市、
七堵鐵道文化園區、外木山沙灘、
中正公園、基隆廟口、崁仔頂魚市

崁仔頂魚市 · 只在深夜開張！台灣版的築地市場

　　天色漸暗，漁船上卸下一簍簍來自海洋最新鮮的漁貨，悄悄地登陸崁仔頂街。深夜，崁仔頂魚市悄悄開張，來自台灣各地海產店業者與熱愛海鮮的饕客，紛紛湧入這個採購新鮮漁貨的勝地。早期崁仔頂建有七間一整排住商兼有的房子，是基隆最早發展的街道，也稱崁仔頂街。古早崁仔頂的海口因地緣關係，人們在旭川泊船登陸，有人的地方就有買賣，於是市集與交易漸漸在岸邊形成。當時漁民們抬著漁貨，爬階梯上街道將貨委託商家銷售，由於石階台語也叫「崁仔」，崁仔頂魚市就一直沿用至今，石階則早已隨旭川河加蓋而消失無蹤。旭川去了哪裡？它正是現今聯接中山高與基隆港之間的聯外高架橋。

　　崁仔頂在 1929 至 1931 年間成立了五家魚行，成為台灣有名的漁貨買賣市集。當初崁仔頂地區並不賣新鮮的魚，只從事加工過的魚，但崁仔頂的漁貨非常豐富，從台灣各地近海、遠洋漁業的漁貨應有盡有。新鮮多樣的漁貨，吸引了來自各地的買賣者與饕客，讓入夜後的崁仔頂，宛如一座夜市般熱鬧沸揚。看見來自各地的人們匯聚於此，每個人都承載著自己的生活與理想，冬夜微雨的基隆，天氣雖冷，但這群人的努力讓我不禁思索「生活的壓力與生命的尊嚴」到底哪一個重要？他們不喊苦，不畏冷，不怕沾滿全身魚臭味，堅持的到底是什麼？早晨的天光漸亮，黯夜的喧囂沸騰逐漸冷淡，人潮退去後又恢復了原貌，再熱鬧終究得曲終人散，留下空氣中殘留淡淡的魚味在街道上迂迴。

地址 _
基隆市仁愛區孝一路

外木山沙灘 · 距離台北最近的沙灘

　　沿著台二線濱海公路前進，蜿蜒的蔚藍海岸讓人壓力大大釋放。來到萬里與基隆市界的夾角，這裡隱藏了基隆市境內唯一的沙灘，也是距離台北最近的「外木山沙灘」。外木山沙灘別名也稱為大武崙沙灘，一旁緊鄰澳仔漁村，沙灘呈現彎月形，沙質潔白乾淨、水域相當平緩，是許多人晨泳的秘境沙灘。只要天氣晴朗，便會看到許多遊客穿著泳衣躺在金色沙灘上做日光浴，或是在碧藍海水中游泳。每年暑假時，基隆市政府更會在此舉辦盛大的「大武崙沙灘海洋音樂祭」，搖滾開唱到深夜。外木山沙灘腹地雖然不大，但小而美的風景引人入勝，清晨適合賞日出，傍晚適合等日落，天氣能見度高時也能夠見到基隆的地標「基隆嶼」，是一不留意就會錯過的秘境。

地址 _
基隆市濱海路二段 142 號前

拜訪小叮嚀

· 暖暖車站為無人管制站，僅停靠區間車，無票旅客需自行上車補票，月台處有設感應器可刷電子票證。

· 崁仔頂魚市於深夜時段 11 點至隔日凌晨 6 點才有攤商營業，拍攝前請徵詢當事人或攤販是否可以攝影記錄，以免發生糾紛。

· 外木山沙灘逢颱風過後，在海灘尚未清潔乾淨以前請勿前往。

四脚亭
Sijiaoting

04 四腳亭車站

傘下的答答旋律

過去還沒拜訪四腳亭車站前，曾猜想這是一個什麼樣的車站？

會是一個擁有紅色屋頂與綠色柱子的小車站嗎？

或是一個以相當簡單的水泥涼亭所蓋的無人車站呢？

就像我們對於未知的人事物，都有著無限的猜想。

　　潮溼悶熱的午後，雷聲在烏雲背後低鳴。區間車才剛停靠四腳亭車站，一腳踏上水泥色的月台，一場大雨也跟著我，傾盆而下，來得又急又快。狼狽地穿越燈光昏暗的地下道，來到了車站大廳，環顧四周，斑駁白牆沾滿灰塵，天花板長滿了蜘蛛網，而那張「無人售票」公告，泛黃地張貼在窗口旁，與我期待中的四腳亭，似乎有所不同。

　　車站前的街道，冷清的與激情大雨形成衝突對比。裹著黃色磁磚的四腳亭車站，這座過去因運煤專用而生的運輸站，在煤產量下降後，裁撤為無人售票管理的小站。雨水洗過四腳亭的屋簷，蔓延過台階，落在一旁的扇蕨上，變成一顆一顆的眼淚。這場雨是在為四腳亭的過去而哭泣嗎？我無奈的望著大雨，撥了撥髮絲上的水氣，想著這場雨何時會停？也難怪「那年，雨不停國」會選擇在四腳亭車站取景。

　　好在，夏季雷雨來得快、去得也快，雷聲開始安靜、薄霧淡淡壟罩了山頭。雲隙中逐漸透出藍天，眼前發生的一切都讓人有一種相似的感覺。我收起濕漉的傘，踩著月台上雨水形成的水窪，跳著雨水的節拍。天空忽然一抹彩虹高掛，四腳亭車站在雨水之後，更美了。

INFO

台鐵車站編號 _ 7380
所屬路線 _ 宜蘭線
位置 _
新北市瑞芳區吉慶里中央路 65 號
站體型式 _ 平面車站
啟用日期 _ 1919.05.05
上行車站 _ 暖暖車站
下行車站 _ 瑞芳車站

周邊延伸景點

基隆廟口夜市、獅球嶺砲台、
瑞芳老街、瑞芳美食街、
九份老街

景點位置 _
基隆市仁愛區獅球路

獅球嶺砲台 · 公路港阜的夜景共鳴

曾在基隆住了四年的時間，因為地形關係造成基隆常常下雨，給人的印象大多是潮濕、灰暗的感覺，因此被封上了「雨不停國」的封號。基隆的夏天，穩定的氣候與特有的碧海藍天，隨著太陽光線移動所形成的各種感動，讓我留下了深刻的印象。若想一覽基隆港最美全景，可別錯過位於國道上方的「獅球嶺砲台」。獅球嶺砲台有完善的木棧道與涼亭觀景台，是眺望整個基隆市的最佳地點。觀景台下方正是「中山高速公路」基隆端的起點，站在高速公路上方看著車水馬龍從腳下穿越，點點車燈閃爍宛如螢火蟲紛飛，美得讓人相當難忘。

拜訪小叮嚀

· 四腳亭車站僅停靠區間車。

· 前往獅球嶺時請做好防蚊設施。由於當地燈光照明昏暗，請勿獨自前往，也不建議逗留太晚。

05

猴硐車站

貓之王國的遺世之旅

火車駛進了猴硐車站，離開了月台。
疲倦蹣跚的跟著我穿過了貓之隧道，
一隻小白貓優雅的走到了隧道口，用牠大大的雙眼看著我，
彷彿是在嘲笑我的跟蹤身影，
說道：「如果你懂得工作，也必須學著懂得放鬆自己。」

↑
N

陰陽海
黃金瀑布 ● ★ 十三層遺址
瑞芳車站美食街 ● ★ 無耳茶壺山
九份老街 ● 金瓜石博物館

猴硐車站 🚆

古名「猴洞仔」的猴硐，據說從前是有許多猴子棲息在附近，因而取名。早期猴硐地區礦業發達，車站主要是用來運輸當地採收的礦產；目前僅留下的廢棄瑞三礦業公司廠區，增加了車站周邊的歷史感。煤礦曾經帶來了猴硐山城的繁華與熱鬧，卻也隨著礦業採集完畢，繁華消逝。

沒有了煤礦就沒有了工作，讓猴硐的年輕人選擇離鄉背井到繁華的城市工作。走進村落裡，歲月在石階梯上撒滿了綠苔。蜿蜒的石子路，盡頭是紅磚築起的老房子，紅色的屋脊上，那隻小花貓慵懶地伸著懶腰。猴硐的人煙漸漸稀少後，貓咪成為這裡真正的居民，開始統治起猴硐，活出一個最慵懶的國度。在猴硐沒落的這些日子裡，牠們不曾離開過這個山中小城。

沉寂一陣子的猴硐，因貓而爆紅，也因為貓而困惑。數年前，一位女攝影師在此拍攝了一張貓的照片，可愛程度紅及海外，吸引大批人潮前進猴硐觀光，打開了猴硐的知名度。因為貓的可愛，讓人們認識了這個山中小城，來猴硐賞貓。猴硐的貓很親切，每一隻貓都有名字。有的看起來很兇，但是緩緩靠近後，牠們會非常友善地跟你撒嬌。轉機也是危機，人潮帶來了太多垃圾，甚至還有人來棄貓，讓這個小村莊變得很不單純。

到猴硐，看貓優雅地過日子，繁忙的人們是不是也要學著省思自己的生活，學著像貓放慢腳步用心觀察，會發現生活天天都有新的驚奇。

INFO

台鐵車站編號 _ 7350
所屬路線 _ 宜蘭線
位置 _ 新北市瑞芳區光復里柴寮路 70 號
站體型式 _ 平面車站
啟用日期 _ 1920.01.27
上行車站 _ 瑞芳車站
下行車站 _ 三貂嶺車站

周邊延伸景點

瑞芳車站美食街、九份老街、
金瓜石博物館、水湳洞、
黃金瀑布、陰陽海

無耳茶壺山 · 那殘破的百萬風景

　　無耳茶壺山為瑞芳九份地區的地標，逛九份老街的時候看過來，一定可以看到這座無耳茶壺山矗立在海拔 599 公尺高的山巔之上。從黃金博物園區方向望過去，就像是一支沒有手把的茶壺，因外型類似斷了耳朵的造型，取名為無耳茶壺山。可從山下的水湳洞或是黃金博物館旁步道慢慢登上去，大約兩至三小時即可抵達茶壺頂端。在茶壺山平台往下看去的風景毫無屏障，天氣好的時候景色非常漂亮！

十三層遺址 · 點亮陰陽海上的天空之城

西元 1986 年宮崎駿出品的「天空之城」，在許多人的腦海中記憶猶新，那一座漂浮在雲端的城堡，夢幻得好美、古舊得好神秘。而台灣也存在著一座天空之城，隱藏在瑞芳的十三層遺址。

十三層遺址早期為選礦煉製場，是昔日金瓜石一帶最大的選礦場所。在二戰時遭美軍轟炸破壞，光復後修復繼續恢復生產，最多曾有八千人在此生活，直到 1985 年正式歇業。場址廢棄之後，台電接手，將原本廢棄的十三層場址打造成「遠觀型」的公共藝術作品，在「點亮十三層遺址」計畫中，用優人神鼓的撼動拉開序幕，把過去的輝煌重新點亮。至今每天晚上 6 點至 9 點都會點亮十三層遺址，是九份、金瓜石、水湳洞地區著名的觀光地標。

拜訪小叮嚀

- 猴硐車站是台鐵少數仍有販售名片式車票的車站，售票窗口另有販售特別版的月台票。
- 千萬別任意餵食當地的貓，也別帶貓來此棄置。
- 無耳茶壺山從黃金博物館沿著登山步道前進來回約 4 小時，開車的朋友可直驅進入至無耳茶壺山的停車場，再步行約 30 分鐘即可攻頂。
- 十三層遺址目前封閉中，請勿任意進入以防發生危險。

06 三貂嶺車站 ——— 沒有出口的車站

黃色的平溪線列車，總是滿載希望與快樂，
四節車廂悠哉地行駛在基隆河畔。
窗外的風景，也在列車離開瑞芳車站後，
展開層層碧綠，迷惑了旅客的心與眼睛。
平溪線有一些小小站，在站站停靠的喧鬧中，不屈不饒，
它們雖無人知曉，卻不說歡迎光臨，只求你是真心光臨。

「請問你要去哪裡？」月台站務員大聲地問。
「來這裡！」我大聲回答。
「月台很窄，要小心喔！」

　　前往平溪的區間車，停靠了三貂嶺，但全列車滿載的人，卻只有我在此下車。車門未關前，我也發現車上的乘客，用著奇怪的眼光望著我，透露出「怎麼會在這奇怪的站下車？」把剛剛車上乘客看我的眼光，湊上站長的那句問候，或許是三貂嶺車站常有旅客不小心在此下錯站，才會造成這樣的光景。

　　走在狹長的三貂嶺車站月台，只能一人通行的空間，緊鄰山壁，雖然列車離站了，但擁擠的空間依然讓人感到壓迫。但也因為這樣特殊的場域，讓我在月台上拍了許多照片，也充分感受到這裡空氣溼氣相當重，明明是夏天，體感竟是一片沁涼。仔細一看，原來一旁緊靠著基隆河，河谷的風也成為天然的冷氣機。

三貂嶺車站沒有地下道、也沒有跨站天橋，當我在猶豫要如何過到車站大廳時，站務員看見我躊躇的模樣，便大聲呼喊：「等下一班太魯閣號過站後，我再帶你過來！」原來三貂嶺車站唯一的通過方式，是趁著列車未通過的空檔，在站務人員領導下跨越鐵軌入站。聽起來是蠻危險的，但對很多人來說，或許是一個有趣的體驗。待太魯閣號過站後，快速地穿過鐵軌，來到了三貂嶺車站大廳。走進車站內，窄窄的車站內滿是書架，更放滿了有趣的漫畫。狹小的候車室彷彿只要超過十個人就會把這個車站擠爆一般，相當小巧可愛。

在候車室內便能聽到一旁基隆河的潺潺流水聲，這是車站內最自然的音樂。由於瑞芳地區終年多雨，車站正門下方是基隆河，在峭壁遮蔽下陽光很少能普照，導致車站始終被潮濕的空氣包覆著，孕育了遮雨棚上厚厚的青苔，龜裂的水泥牆上也長出了羊齒蕨，替車站點綴了綠意，也更有自然的味道。

台灣全部的車站都可以靠著道路通行抵達，唯有三貂嶺車站必須靠搭火車才能到訪。彷彿是影子擋住了三貂嶺車站的去路，讓它成為全台灣唯一開車到不了的車站。很喜歡這裡奇特的環境，也像它的名字原意一般，令人流連忘返的「聖地牙哥（Santiago）」。

INFO

台鐵車站編號 _ 7330
所屬路線 _ 宜蘭線、平溪線
位置 _ 新北市瑞芳區碩仁里魚寮路 1 號
站體型式 _ 平面車站
啟用日期 _ 1922.05.16
上行車站 _ 猴硐車站
下行車站 _ 牡丹車站

周邊延伸景點

台鐵平溪線支線（菁桐車站、平溪車站、十分車站）、十分老街、十分瀑布、嶺腳瀑布

平溪天燈節 · 冉冉升空的希望之光

　　一年一次的平溪天燈節，每個人把自己的心願寫在天燈表面上，滿載了人們希望的天燈，點火後像是星星般一點一點的在天空飄盪。當天燈飛得越高，表示願望越會實現達成。

　　每年正月十五是一年一度的元宵節，也是俗稱的小過年。各地因習俗不同所衍生出的元宵節慶，如基隆炮獅、內湖炸土地公、鹽水蜂炮等等，北天燈、南蜂炮，已經是台灣元宵前後最重要的兩大盛事。美國 CNN 把平溪天燈節評選為全世界最值得參與的 52 件新鮮事之一，幾年前更被旅遊頻道 Discovery 評為世界第二大節慶嘉年華，讓台灣的習俗之美揚名國際。

十分瀑布 · 水霧壟罩的彩虹淵

基隆河蜿蜒數里連接淡水河連結大海，追尋著水的軌跡來到了基隆河的上游平溪，這裡擁有台灣最大的瀑布－「十分瀑布」。十分瀑布位於台鐵平溪線大華車站和十分車站之間，上下落差高度約 20 公尺、瀑布寬面達 40 公尺。壯烈的水瀑傾瀉而下，水花激起的負離子讓十分風景區的空氣非常透涼清新。

萬水奔騰的怒吼，激起的水霧終年瀰漫。偶爾陽光也來湊熱鬧，在水簾幕上築起一座彩虹橋，美得像幅會動的畫一般，因此有「台版尼加拉瓜瀑布」之稱，也是旅行平溪線必訪的景點之一。

拜訪小叮嚀

· 三貂嶺車站僅停靠區間車，月台相當狹隘，在拍攝取景的時候請注意個人安全。

· 天燈節活動時，搭乘平溪線小火車前往平溪並不會比較快，還可能遇到火車無法入站的情況。建議搭捷運到動物園站後轉乘平溪天燈接駁專車，只要 30 分鐘就可以快速抵達會場喔！

· 十分風景區在颱風過後常未開放，建議先上網查詢資訊，再前往十分瀑布。

07

牡丹車站

是歲月轉彎的地方

社齡的增加，讓人覺得做夢變得奢侈，
又在生活、工作與家庭的支配下，
那些年熱絡的朋友開始少了聯繫。
回過頭才發現，人啊！就像是滿載的區間車各站停靠，
走得越遠，隨車的乘客越是少了。

「欸，我們好像很久沒搭火車出去走走了？」
「那我們要去哪裡？」
「先到火車站會合再說吧！」

2013 年因為朋友的一通電話，立刻把相機、電池、悠遊卡都抓進包包裡，出發前往車站會合。當時一點計畫都沒有的我們，只看了看車站上的列表，最後隨機選了牡丹車站，便跳上開往蘇澳的區間車，往牡丹車站去了。數年後，搭上了同樣的路線，同樣的區間列車；在列車進站、出站間，車上的乘客也越來越少，過了猴硐車站後，車上彷彿變冷了，不是冷氣變強了，而是車上的旅客都下光了，僅剩幾位白髮老人家，他們討論著剛剛喧擾的遊客，也討論著那茄芷袋中，剛剛買來的青菜有多便宜，就像是那年的我們所看見的光景，還在。

區間車停靠牡丹，車門打開，車外的熱氣馬上席捲而來。牡丹車站是全台灣最彎曲的車站，設有岸式月台兩座，停靠在此的區間車，就像是以一種接近鞠躬的姿態停在車站中，彷彿是禮貌地向牡丹車站問好。當時是為了降緩火車行駛的坡度，以長度換取坡度，車站剛好設置在 120 度的大彎道轉彎處，進而形成列車與月台的寬大間隙，當年朋友還笑說：「寬到可以把一個人塞下去了。」讓人很是難忘。奇景也讓許多旅客都會拿起手機、相機，記錄下眼前的風景。

INFO

台鐵車站編號 _ 7320
所屬路線 _ 宜蘭線
位置 _
新北市雙溪區牡丹里牡丹路 159 號
站體型式 _ 平面車站
啟用日期 _ 1922.09.13
上行車站 _ 三貂嶺車站
下行車站 _ 雙溪車站

周邊延伸景點

牡丹老街、瑞雙公路、
雙溪蔡冰

裁撤為小站的牡丹車站，無人駐守的大廳依然家徒四壁，但車站的外觀經過拉皮手術，已與我當時初訪的樣貌截然不同了。外觀雖然新穎，內裝的靈魂依然是老的，那牡丹車站四字，也寫下了過往年少熱血的一頁。

牡丹老街 · 溪水旋律伴隨的老街日常

「阿姨！請問牡丹老街在哪？」
「老街喔？這條就是老街啊！是不是跟你想得不一
樣？」晾著衣服的阿姨害羞地說。

　　第一次來到牡丹老街，遇見了一位居民阿姨，她笑著跟我介紹這條不像老街的老街，因為沒有商業化的牡丹老街，滿是居民的日常風景。從牡丹車站沿著街道走，穿越軌道橋下，眼前這條狹窄小街道，沒有摩肩接踵的人潮、沒有熱鬧的商鋪與攤販，幾間懷舊的雜貨店、寧靜的住家和曬著暖陽的小黃狗，保持著老街裡的純粹。也因為房屋緊靠著牡丹溪畔，走在街內，可以感受到溪谷裡的涼風，與清晰的潺潺流水聲音。溪水流動的旋律，成為牡丹老街居民午睡的白噪音，唯有電車途經之時，才劃破這片寧靜。牡丹老街什麼都沒有，卻什麼都有了，很適合想要一個人安靜旅行、享受孤獨的旅人前來。

瑞雙公路 · 小瑞士的微笑曲線

　　沿著九份的 102 縣道繼續前進，意外發現了這個美麗的轉彎處。102 縣道原名瑞雙公路，由九份行瑞金公路上山，在往金瓜石的交叉路口處往上行，就可抵達這條公路。

　　瑞雙公路是瑞芳與雙溪之間聯繫的主要道路，道路一路沿著山際前進蜿蜒、曲折，是許多自行車愛好者挑戰極限的路線。也因為入夜的瑞雙公路沒有路燈照明，鮮少人會走這條路，讓這裡的自然美景保留得很好，每個彎道過後都呈現不同山脈之美。日與夜的瑞雙公路風景截然不同，在瑞雙公路上的涼亭眺望，天氣好時可遠眺基隆港、暖暖、四腳亭地區，看出去的風景相當遼闊。秋天時，瑞雙公路沿途都會被金黃芒草覆蓋，當陣風吹撫時，整片金黃芒草一起搖曳的畫面很壯觀。也因沿途風景優美，讓瑞雙公路有著台灣小瑞士的美名。

　　不同季節、不同時間，拜訪過幾次瑞雙公路都給了我不同的驚喜。雖然入夜後黑漆漆的讓人害怕，但我認為瑞雙公路是北部地區算優美的一條公路，等你來探索台灣的小瑞士。

雙溪蔡冰 ‧ 老闆放料不手軟的老字號冰店

　　設置在雙溪市場外的雙溪蔡冰，用刨冰及雪花冰伴隨著雙溪許多人成長，是雙溪人從小吃到大、非常有名的老字號冰店。店內品項繁多，除了招牌必點的刨冰、雪花冰（花生口味老闆最推薦）之外，還有各種懷舊豆花任君挑選。一碗豆花只要五十元就有米苔目、仙草、粉粿、愛玉、粉圓、珍珠等等數十種配料，料多實在、份量非常大碗，價格也相當便宜，老闆不計成本的給料，也難怪會如此受歡迎。通常假日及尖峰時段人潮都非常多，需要耐心排隊等候才能吃上一碗好吃的冰品，想吃記得要早點來！

店家位置 _
新北市雙溪區太平路 50 號

拜訪小叮嚀

‧ 牡丹車站附近並無任何商店及餐飲店，若要覓食在此可是會撲空的。

‧ 牡丹車站僅停靠區間車，列車與月台間隙相當大，下車要小心。

‧ 瑞雙公路連續彎道入夜後燈光昏暗，建議別在山上逗留太晚。

08

大里車站

在晴朗的一天出發

不得不承認，當每天的生活都一個樣，
也會因執著與盲目而失去了方向。
翻開了邊頁泛黃的手帳本，那一段一直尚未成行的看海計畫，
在晴空萬里催化之下，終於忍不住旅行的欲望，
帶著相機跳上火車，跟隨著鐵路的延伸，出發大里車站。

草嶺古道●

↑
N

大里遊客中心● 　●大里天公廟
大里車站
　　　　　　　● 大里老街
　●大里漁港

「車門要關了……」把工作遺忘在某一節車廂上，目送著逐站停靠的電車駛離了大里車站。旅行的喜悅藏不住，在嘴角上露出了馬腳。

　　陽光倔強的擁抱下，防曬乳開始在身上慌張的蔓延；影子與我展開了一場比賽。風是裁判，一聲令下，一道飛機雲畫破了寬闊的天空，拉開了計畫的起跑線，看誰先跑到那片有蔚藍海岸的終點。大里車站紅色的天橋遮雨棚在藍天下格外亮眼，陽光像個老人般把天橋上的安全隔離網當成了棋盤，下起五子棋，過分地把最美的視野都擋住了。

比賽來到車站剪票口，那一朵不知名的花兒綻放了最迷人的加油聲，各式的盆栽造景整齊地排列歡呼我的到來。站長拉開了窗口，露出微笑與我問好，打開了佈滿鐵鏽的印泥蓋，替我的車票蓋上最美邂逅的證明。隨著車票上的戳章，我放心的去流浪了。

離開了大里車站，比賽還沒結束，車站外的兩道階梯向上行連接了台二線省道，彷彿是要我選擇向左走或向右走的風景。走上了左邊的階梯，馬路對面的雜貨店掛著手繪的招牌，鐵鏽悄悄地透露了它的年紀。走進雜貨店中，悶熱的空氣懷抱了我，老闆娘緩緩走了出來向我介紹店裡琳瑯滿目的商品。我打開了冰櫃玻璃門，從這亂中有序的冰櫃中找著想要的雪糕，老闆娘臉上的法令紋，嚴肅得讓我難忘。

氣溫來到 35 度，我跑在影子的最前面，繼續走、一直走，過了一個潮濕的隧道後，終於來到海邊。風宣告了我們比賽的結果，太平洋灑下最閃亮的浪花，交織出一場充滿感動的旋律。

依山傍海的大里車站，平時只停靠區間車。每年草嶺古道舉辦芒草季時，空盪的大廳瞬間被人潮擠爆，每個人帶上期待前來大里，攀上古道感受芒草花海隨風搖曳所帶來的美好感動。沒有芒草的夏季，走在車站旁蜿蜒的海岸線上，手上的雪糕慢慢融化，手指頭沾黏著夏天的幸福，在大里車站實現了久違的看海計畫。

INFO

台鐵車站編號 _ 7270
所屬路線 _ 宜蘭線
位置 _
宜蘭縣頭城鎮大里濱海路 6 段 326 號
站體型式 _ 平面車站
啟用日期 _ 1920.12.10
上行車站 _ 石城車站
下行車站 _ 大溪車站

周邊延伸景點

大里漁港、大里老街、草嶺古道、
大里天公廟、大里遊客中心

大里老街 · 記憶擱淺的蔚藍海岸邊

大里老街沿著海岸邊際而築，是個世代與太平
洋共存的小村落。沒有觀光型態老街的擁擠與喧
擾，只有紅磚、矮牆、老房子。那一棵大榕樹下，
老婆婆躺在涼椅上吹著海風打著盹；而街內的雜
貨店，是老街最懷舊的便利商店，玻璃櫥窗內販
售著許多市面上罕見的小零嘴，很多都是小時候
常見的。充滿日常的老街，好像一部懷舊的本土
八點檔正在上演，不像我們印象中熱鬧的老街，
擁有吵雜的攤販和繁華榮景。

大里天公廟 · 是旅行也是修行

　　大里天公廟又稱草嶺慶雲宮，緊鄰大里遊客服務中心，是大里車站附近人潮最多的宗教聖地。大里天公廟主奉道教尊神玉皇上帝，華麗莊嚴的廟體依著山腳邊建造，不論平時或假日香火都相當鼎盛。來到天公廟的三樓，是天公廟視野最好的地方，可以眺望整個太平洋與龜山島美景，也是許多信男、信女打坐修行的殿堂。欣賞美景興奮之餘，也盡量別打擾到香客的修行喔！

拜訪小叮嚀

- ・大里車站僅停靠區間車。步行至大里遊客中心及老街皆約為 10 分鐘。
- ・大里海岸線無救生員，請勿任意下水嬉戲。
- ・參觀天公廟時請記得注意禮節，遵守廟方的規矩與習俗。

09 大溪車站

下車就見蔚藍太平洋

出了社會工作之後發現，
原來「好好旅行」不是這樣容易的一件事情。
在時間有限的假期裡，旅行已經變成一種奢侈。

↑N

大溪漁港 ● 大溪漁港
美食廣場

大溪車站 🚉

大溪天后宮 ●
● 大溪國小

★ 蜜月灣

　　在這個資訊爆炸的年代，找資料非常方便，卻也讓我懷念起學生時期，那段沒有手機、沒有網路的生活。當時還在念高中的我，智慧型手機剛誕生，非常陽春的小手機還沒有網路功能，更沒有臉書、IG拍照打卡分享的機制，放學後回家最期待的就是瀏覽別人的無名小站，那一本本精彩的相簿及日常部落格。過去所有的旅行資訊都是靠著朋友相傳或者翻閱書籍而來，每一段故事、景點，讓我嚮往著學校以外的自由世界。有一回，意外看見了一張區間車與大溪車站的海景，便把這樣嚮往的風景，寫在了日記本裡，標註上「看海計畫」，找了一天，出發去。

　　從台北車站出發，區間車各站停靠，車子慢得讓人很厭煩，卻也在緩慢的車程裡，欣賞到平常不曾仔細觀看的美景。或許這趟旅行就是要我試著放慢下來，好好欣賞。終於，來到這座緊鄰太平洋的無人車站「大溪車站」，列車門打開的瞬間，閃閃發亮的大海映入眼簾，猶如記憶中的那張照片，不用套濾鏡，就很完美。

　　1920年設立的大溪車站，與桃園大溪區撞名，但大溪車站不在山城大溪，而是在宜蘭頭城，是一座下車就能看見大海的美麗車站。走出了無人檢票的閘口，穿過了省道，一條很長的步道沿著海岸展開，分了陸地與海洋的界。沿著浪花包圍的海岸線步道往南慢慢步行，海風從太平洋上吹來一陣鹹鹹的風，我望著蔚藍的天空，隨意撞見的太平洋，原來也是這麼美。

INFO

台鐵車站編號 _ 1207
所屬路線 _ 宜蘭線
位置 _
宜蘭縣頭城鎮大溪里濱海路5段63號
站體型式 _ 平面車站
啟用日期 _ 1920.12.10
上行車站 _ 大里車站
下行車站 _ 龜山車站

周邊延伸景點

大溪漁港、蜜月灣、大溪國小、
大溪漁港美食廣場、大溪天后宮

蜜月灣 · 衝浪客的天堂，新人的秘密基地

　　緊鄰大溪車站的蜜月灣，是許多衝浪客的天堂、新人外拍婚紗的秘境。來到此，坐在海岸邊看著浪花捲來，不做任何安排就是最好的安排。一旁有全台灣最幸福的小學「大溪國小」，學校因緊靠著蜜月灣而得名，也提供露營活動場地租借，有機會在學校住上一晚，在滿天星空與浪花旋律伴奏下睡著，也是種幸福。

大溪漁港 · 最潮的海味都在這裡！

　　走進漁港內，一艘艘漁船正停靠港內，滿滿漁貨嘩啦啦地落下。剛卸下的漁貨，船員現場叫賣，不用特別排練，一場叫賣的實境秀就此展開。來自各地的餐廳老闆，圍成了好幾個圈，把港邊擠得水泄不通，搶著購買最新鮮的漁貨。走進大溪漁港彷彿打開了百科全書，在港內各種城市中很少見的魚一字排開，蝦、蟹放滿了簍子，精彩呈現，任君挑選。走進港邊的美食廣場，不僅可以現吃海鮮，更可以感受到討海人可愛、樂天的性格，讓來到此的我，感受到鮮撈仔的澎湃與熱情。

漁港位置_
宜蘭縣頭城鎮濱海路 5 段 490 號

拜訪小叮嚀

· 大溪車站僅停靠區間車，如不想搭乘從台北出發、站站都停的區間車，也可搭乘客運至頭城車站，再轉乘區間車或公車前往。

10 龜山車站

與龜山島的日出約會

四面環海的台灣，大海似乎離我們很近，
卻總與我們有著一層「忙碌」的隔閡。
搭區間車，找個車站，找一片能寫入心裡的大海出發吧！

北關海潮公園●

●頭城農場　　　龜山車站🚃
藏酒酒莊●　●梗枋漁港

　　有回深夜因為睡不著，便索性不睡了，天還沒亮就搭著區間車，捧著一杯熱咖啡，坐在靠窗的位置，在街燈熄滅前，往太平洋的那端前進。帶著淺淺睡意與熱血，我要前往「龜山車站」看日出。

　　原以為龜山車站出站後就能看見龜山島，但實際來到車站後，發現這座車站遠比我想像中要小很多。而且這一班停靠的區間車，也只有我一個乘客下車。時間推著太陽翻過了海平線那端，一抹陽光灑落在售票大廳，帶著金黃，點亮了車站內的畫作。仔細看看那些畫作，原來是附近的「梗枋國小」小朋友所創作的作品，繽紛的色彩、可愛的筆觸在陽光中活了起來。我湊近了售票窗口，詢問站務人員：「能眺望龜山島日出的最佳位置在哪裡呢？」站務員先是傻住，接著告訴我：「走出去車站外，應該就能看得到了！」

　　鄰近海岸線的龜山車站，清晨的風吹得特別強勁。走在車站前我找尋著能看日出的最佳所在，剛好遇到了一位晨間運動的居民，他看見我「賊頭賊腦」的模樣，便跑來與我搭話。我又問了一次：

「能眺望龜山島日出的最佳位置在哪裡呢？」
「跟著我走吧！梗枋漁港上的堤防看最美了！」

　　在當地人帶路下，我來到了漁港。漁港內的船夫們正在整理著散亂的漁網，一艘又一艘漁船，那砰砰引擎聲劃破了漁港的寧靜。我坐在堤岸上、聽著海潮聲，看那已經翻過海平線的太陽，穿透雲層、灑落金黃陽光的美麗畫面，沉澱了心裡最煩亂的一切。

　　龜山車站或許不是離龜山島最近的車站，梗枋漁港也不是欣賞龜山島最美的角度，但換個角度去看世界，或許，那個結果也許是最意外、最美的也不一定。

INFO

台鐵車站編號 _ 7250
所屬路線 _ 宜蘭線
位置 _
宜蘭縣頭城鎮更新里濱海路 3 段 261 號
站體型式 _ 平面車站
啟用日期 _ 1920.12.10
上行車站 _ 大溪車站
下行車站 _ 外澳車站

周邊延伸景點

藏酒酒莊、北關海潮公園、
頭城農場、梗枋漁港

拜訪小叮嚀

· 龜山車站僅停靠區間車。
· 藏酒酒莊上山的小路相當狹隘、蜿蜒，相當不好會車，請大家多加注意行車安全。

11

冬山車站

冬瓜山下的時尚瓜棚

旅行中我總不喜愛有太多的規劃，出發前只要知道起點和終點就好，
中繼站有哪些，都不是相當重要的。

因為，計畫總是趕不上變化，不如順其自然的旅行就好；
就像人生，即便規劃了未來的每一天、每一步該怎麼走，
但最後往往還是趕不上變化，
不如好好的設定好終點，勇往前進就好。

　　數年前，宜蘭線鐵路部分高架化，改建後的冬山車站長高了，車站站體的外觀創新，成為一個充滿時尚感的車站。特殊的外觀造型，加上幾何圖形交叉結構的穹窿，當火車緩緩駛入巨型鋼架所搭起的冬山車站，鋼架結構的穹頂，冷冰印象與平原上柔軟的稻田形成了強烈的對比。下了列車，走在長長的月台上，宛如走在一條時尚伸展台，而台上的巨星就是下車的乘客。

　　冬山車站舊名為「冬瓜山」，源自冬山鄉的地標「冬瓜山」，後而簡化為「冬山」。以「綠色隧道」為主題，冬山車站採用瓜棚造型的意象去設計，靈感源自蘭陽平原上的產業設施「瓜棚架」，把車站打造出有如「溫室」的感覺，並以透光性高的「膜材」做為屋頂材質，讓白天時的月台不使用人工照明也顯得透亮。特別的是，棚架以拱形交叉鋼構造，門形架成為連續的、圓弧的一體造型，更巧妙整合了電車繁雜的線，是台灣第一個以休閒觀光為目的所開發改建的鐵路車站。

　　具有特色的冬山車站成為冬山人驕傲的門戶，更帶動了冬山車站前的發展。車站前的中正路是「冬山老街」，匯聚了冬山鄉大部分的主要機構與建築，包括鄉公所、郵局、農會、旅遊服務中心等等。相較於前站的熱鬧，來到後站地區，面對開闊的蘭陽平原，風穿過綠油油的稻海吹拂而來，不僅遊客搭火車來此拜訪，更吸引了許多廠商以冬山車站為背景拍攝時尚廣告。車站的改建，就像是廣場上的風箏，說是「冬山起飛」或是「冬山再起」也貼切不過。

INFO

台鐵車站編號 _ 7150
所屬路線 _ 宜蘭線
位置 _ 宜蘭縣冬山鄉冬山村中正路 1 號
站體型式 _ 高架車站
啟用日期 _ 1919.03.24
上行車站 _ 羅東車站
下行車站 _ 新馬車站

周邊延伸景點

梅花湖、冬山河親水公園、
武荖坑風景區、羅東文化工廠、
羅東林場

斑比山丘 · 親密互動的梅花鹿天堂

離宜蘭冬山鄉梅花湖風景區不遠的斑比山丘，是 2019 年新開幕的超人氣宜蘭景點。園區養殖了許多頭梅花鹿，是台灣目前少有的梅花鹿主題園區，可以與這些「斑比們」近距離互動餵食及拍照，成為年輕人喜愛的宜蘭 IG 打卡景點。

斑比山丘為了維護園區的品質，旅客入園需要提早在網站上（或透過電話）預約，並在指定時間到園區等候。如果沒有預約就得現場排隊，但可能會要等很久，建議大家還是提早預約才不會浪費時間。

園區位置 _
宜蘭縣冬山鄉下湖路 285 號

飛魚食染 · 老市場中的文青豆花店

飛魚食染藏身在宜蘭冬山鄉的冬山市場中,是一間在傳統風味市場裡充滿年輕氣息的豆花店。木質紋理的店面外觀簡單而不平凡,簡潔明亮的環境空間猶如市場中的淨土,與一旁的古早豬肉攤、菜攤形成相當衝突的視覺亮點。文青感十足的飛魚食染店面,裡頭販售的特色餐點有鹽滷豆花、翡翠檸檬豆花、豆漿豆花、涼夏仙草冰、水果冰棒等等,皆以古早味的甜點為主,非常適合炎炎夏日來此找尋一片沁涼感的天地。

店家位置 _
宜蘭縣冬山鄉冬山路 186 號

清溝夜市 · 每週三限定的宜蘭最長夜市

大多人到宜蘭都會拜訪日日營業的羅東夜市，但位於冬山鄉的清溝夜市，只限定於每週三營業。由於鄰近羅東鎮不遠，不僅是許多宜蘭人會選擇來逛的在地夜市，更號稱是宜蘭最長夜市。夜市從清溝路延伸，上百家攤販從入口一路綿延數公里，讓人看不到盡頭。各式各樣攤家販售冰品、熱食、水果及在地美食，許多攤位更是要排隊，像是燒肉刈包、日式炒麵麵包、泰式奶茶等等，讓人可邊走邊吃、邊買邊逛，吃喝玩樂應有盡有，遠比羅東夜市有趣許多！

夜市地點 _
宜蘭縣冬山鄉清溝路

拜訪小叮嚀

· 冬山車站有販售特別款的紀念月台票，請洽售票窗口。

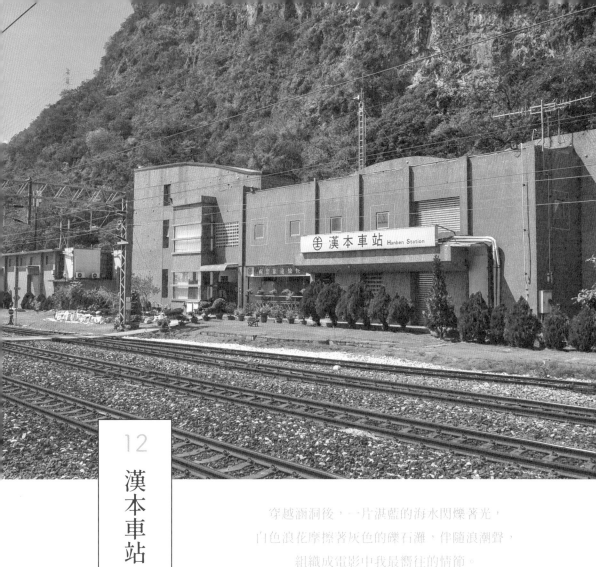

12
漢本車站

相遇練習曲，
走向最美太平洋

穿越涵洞後，一片湛藍的海水閃爍著光，
白色浪花摩擦著灰色的礫石灘，伴隨浪潮聲，
組織成電影中我最嚮往的情節。

國片「練習曲」中，主角以單車環島方式，來到了漢本車站，並在車站附近海灘遇見了一位來自「立陶宛」的國外女孩，因而譜出了一段旅行中的插曲。電影中有句台詞：「有些事情不做，一輩子都不會做了！」這句話曾觸動了許多人沉寂的心，更改變了許多人的想法和命運。當年我也是因為這一句話，背起行囊，出發前往漢本車站展開旅程。

　　清晨5點的宜蘭車站杳無人煙，卻有著我奔跑進站的身影。在來不及買票的情況下，直接跳上往花蓮的區間車；當年的漢本車站一天僅有幾班區間車停靠，若是錯過了這班車，可就要等到中午過後了。不過也因為很難抵達，讓我非常憧憬，且對漢本車站有了更多幻想與期待。

　　「漢本站到了！」廣播聲響起，我下了車，目送著區間車緩緩離站。除了我一個旅客之外，月台上沒有其他人。不過，往月台彼岸的方向望去，一整排的棕櫚樹矗立在湛藍太平洋前，那海景，那畫面，美到我回來還很難忘。

蘇花公路以宜蘭蘇澳鎮為起點，延伸蜿蜒約百公里抵達花蓮。漢本車站剛好位在中點位置，清領時期稱漢本為「百里分」，日治時代後改為「漢本」。「はんぶん：Hanbun」在日文中指一半的意思，便以日文發音轉為閩南語的寫法，將車站命名為「漢本」，意指到了漢本，蘇花公路已經走過了一半。這裡不僅是宜蘭最南邊的車站，更是台鐵指定為民國 100 年必到的幸福車站之一。

走過了剪票口，站務人員親切的問我：
「你也是看了電影來漢本旅行的嗎？」
「對呀，我想去找尋電影中的那片海岸。」
「喔？那片海灘走路過去大概要 20 分鐘喔！」
「什麼！」看到我驚訝的表情，站務人員笑了。

他告訴我，漢本附近的海水特別藍，很遠，但很值得去看看。看了車站大廳的時刻表，距離下一班區間車進站的時間很長，有足夠的時間前往，便沿著蘇花公路，慢慢的散步。原本以為是趟愜意的旅行，但才剛步出車站大廳，砂石車一台又一台的接力，揚起的飛塵讓人走得非常辛苦。不過跟著指示走，穿過了鐵道涵洞，便有一片令我難忘的天地。

一轉眼十年過去，隨著蘇花公路改善計畫的完工、北迴鐵路的列車改點，停靠漢本車站的區間車班次也變多了。現在無論是開車或是搭區間車前往漢本車站，都比當年來得更容易了。當年走在蘇花公路上的辛苦身影，也變成最難忘的記憶。

INFO

台鐵車站編號 _ 7070
所屬路線 _ 北迴線
位置 _
宜蘭縣南澳鄉澳花村蘇花路一段 56 號
站體型式 _ 平面車站
啟用日期 _ 1980.02.01
上行車站 _ 武塔車站
下行車站 _ 和平車站

周邊延伸景點

南澳農場、朝陽漁港、
南方澳觀景台、南方澳漁港

建華冰店 · 一口傳道冰的清涼滋味

建華冰店是南澳地區最有名的一間冰館。許多人應該會很懷疑這碗冰為何叫做「傳道冰」？其實傳道冰的由來要回溯到民國六十年，當時有傳教士到東部經南澳向原住民傳福音，傳教士一到店裡就指定要吃有「紅豆、花豆、綠豆、花生、雞蛋牛奶」的綜合冰，並拿出麵包配冰，因為綜合冰加多種豆類能夠補充營養與熱量，成為了傳道士的活力來源，後來店家也稱此冰為「傳道冰」。

店家位置 _
宜蘭縣南澳鄉蘇花路二段 419 號

南方澳觀景台 · 伸手就可以碰到天空的平台

南方澳觀景平台位於蘇花公路宜蘭端的起點，是許多風景攝影愛好者眼中拍攝宜蘭南方澳晨彩的絕佳聖地，沿著公路上來約 10 分鐘即可抵達。觀景台興建在斷崖上，站在觀景台上視野遼闊無屏障，內埤海岸、南方澳漁港、南方澳跨港大橋、龜山島映入眼前，是飽覽南方澳風光的絕佳地點。這裡若是不注意很容易擦肩而過；現場停車及迴轉都不是很方便，建議騎機車或是開遠一點再迴轉以策安全。

景點位置 _ 宜蘭縣蘇澳鎮蘇花路五段 50 號

拜訪小叮嚀

· 漢本車站僅停靠區間車。
· 漢本海岸水深非常深，暗潮洶湧，建議大家拍拍照就好。海岸荒蕪也無救生員，請勿任意下水、以策安全。

13

和平車站

── 轉動生命的齒輪

清晨 6 點，火車搖晃的很舒服，
在開往花蓮的區間火車上我睡著了。
車廂的空氣中忽然帶有一點塵土與汗水混合的味道，
睜開眼尋找味道的來源。
灰色工作服上沾滿灰塵，黝黑的皮膚、深邃的五官，
頂上黃色塑膠安全帽，幾個工人們不管別人眼光豪邁地聊著天。
我看了看他們，猜想著他們要去哪裡上工時，和平車站到了。

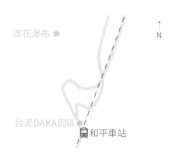

澳花瀑布 🏞

台泥DAKA園區 🏭　🚃和平車站

　　正當我要起身下車時，工人與我擦肩而過，身上配掛的工具冷不防地打到了我的頭。「拍謝！拍謝！」工人以一種不好意思卻又豪邁的口吻跟我道歉。「沒關係！」微笑示意後，我跟在工人的後頭，依序下了車。

　　踏上月台，洶湧的人潮馬上簇擁了我，月台上滿是穿著制服、手上拿著大小工具箱的工作人員，以奔騰的姿態朝同個方向湧入。工人們有的臉上掛滿笑容、有的掛滿疲倦，一窩蜂的往出口方向前進。走在他們之中，我顯得有些突兀。人潮把100多公尺長的地下道都填滿了，從月台走到大廳的這段路是他們通往未來的舞台，通過這個地下道後，他們就如往常般地展開一天的築夢之旅。

　　跟著工人們的腳步，來到了和平車站的大廳。售票大廳空間出乎意料地非常寬敞，剪票口更高達五個閘門，可以想見尖峰時段進出和平車站的人次有多少。不論是站房或是站場，和平車站都是北迴線上最大的一站。

　　和平車站站場為水泥貨運場地，設立在人口不是很密集的區域，距離熱鬧的聚落約1公里左右。看似平凡的車站，附近因有和平港、和平水泥專業區、和平火力發電廠的關係，仰賴車站通勤的乘客多為在和平水泥工業區裡服務的工作人員，因此在和平車站月台常常可以看見穿著廠區制服的人，每日平均仍有千人在和平上下車。離開了和平車站的大廳，站前廣場上繪有一大片蘭嶼經典太陽圖騰，象徵原住民的精神，廣場旁則是車水馬龍的蘇花公路。

　　短暫逗留後，回到月台。和平車站的月台相當普通，但內側軌道上停放了非常多用來載運水泥原料的空車廂，數量多到看不見盡頭。和平車站對過往北迴線的遊客來說只是個不起眼的小站，但對這些仰賴車站通勤的工人們來說，和平車站卻是他們用汗水築夢的起點。離開前，我輕輕地深呼吸，一種淡淡的水泥塵土味撲鼻而來，我笑了：「原來這就是和平的空氣啊！」

INFO

台鐵車站編號 _ 7060

所屬路線 _ 北迴線

位置 _
花蓮縣秀林鄉和平村和平 276 號

站體型式 _ 平面車站

啟用日期 _ 1979.02.08

上行車站 _ 漢本車站

下行車站 _ 和仁車站

周邊延伸景點

澳花瀑布、台泥 DAKA 園區

台泥 DAKA 園區 · 蘇花公路最美的休息站

　　隨著「蘇花改」通車，從台北開車往花蓮、台東的路變得更加安全且方便了。不過長途開車也會造成駕駛疲勞，腦筋動得快的「台泥」就在蘇花改和平路段間設置了「台泥 DAKA 園區」休息站，集結了便利商店、書店、伴手禮特產店、美食街、生態博物館及星巴克，讓開車往返蘇花改的旅客，都能在這裡休息片刻、整頓精神再出發。

　　「台灣水泥（簡稱台泥）」在花蓮最北的村落「和平」設廠 20 年，不僅讓在地居民有了工作機會，也讓許多外地來此工作的員工最後選擇定居在此。為了讓更多人了解水泥工廠的文化，2020 年敞開了有 20 年歷史的台泥和平廠大門，設置了「台泥 DAKA 生態循環工廠」，成為台灣第一個可以線上預約導覽的水泥廠，讓遊客途經於此，不再是路過而已。複合式的園區也引進了便利商店、農特產店、公用廁所及星巴克咖啡廳，簡單的清水建築，成為許多年輕人 IG 朝聖打卡的花蓮景點，園區也成為蘇花公路上「最美的休息站」。

園區位置 _
花蓮縣秀林鄉和平村 263 號

澳花瀑布　·　碧綠飛瀑的網美秘境

　　南澳與花蓮交界的澳花瀑布以 47 公尺的落差斜掛於凹陷山壁中，三面高聳峭壁被森林包圍，寬 5 公尺的瀑布傾瀉而下，畫面十分壯觀。雖然座落於山區之中，但可沿著產業道路駕車至一片荒土的停車場，接著再步行約 30 分鐘抵達瀑布。由於環境幽靜、有置身世外桃源之感，加上前往路途很是輕鬆，成為許多網美網紅的戲水秘境。

拜訪小叮嚀

· 和平車站平時多為停靠區間車，偶有自強號、莒光號停靠於此。

· 由於通往澳花瀑布的道路為顛簸碎石路面，且當地氣候潮濕，易造成地面濕滑，如遇大雨過後或是天候不佳時，則不建議前往。

14 崇德車站

謎樣車站的最美靛藍

區間車貼著蘇花公路前進，
別於公路的蜿蜒，穿過一層又一層山洞，
空氣的變化牽動著耳膜的鼓動，也鼓動著一種未知的躁動。
移動對我來說，是種旅行的過程，
更是一段能與自己相處的最美時光。

清水斷崖

太魯閣國家公園

崇德車站

崇德瑩農場

七星潭風景區

N

　　區間車離站，在崇德下車的旅客只有我一人。雖然日正當中，但車站內的地下道略顯黑暗。穿過地下道，來到了車站大廳，以為電氣化後的北迴鐵路區間車次會相當頻繁，但確認過牆上的時刻表，再三與站長確認，下一班區間車進站確實得等上兩個多小時。對於這個時刻表，是有點意外。的確，這個沒什麼人下車的車站也不需要有太多的車次停靠，但旅行上最有趣的事情就是「等待」，放寬心後，就在崇德車站附近走走吧！

　　通常有車站的地方，就會有聚落。但站務員跟我說，從車站出發走到最近的村子得花上半小時，我接著問那最近的景點是哪裡？他笑著說：「清水斷崖！但走過去要走一個多小時左右，路途也蠻危險的。」好吧！我只好放棄了。

　　走出了崇德車站，一整片的灰白峭壁阻擋了視線。從站長口中得知，遠處的那座大山是清水大山，而清水斷崖就在公路那頭。崇德車站毫無存在感的位於北迴線上，藏在蘇花公路旁的小角落。入口兩旁灌木叢生，幾乎掩蓋了車站的屋頂，除了一棟荒廢的民宅，兩邊望去盡頭皆無人煙的跡象，開車時應該會很容易就忽略了它的存在。

　　我看著路上的砂石車來來往往，揚起了一陣陣煙塵，如果走在蘇花公路，勢必會很克難。轉頭又回到車站大廳，等待下班列車的到來。由於等待的時間很長，更有時間好好欣賞窗外天氣的變化，沒想到還等不到下一班車，剛剛晴朗的天空，已經烏雲密佈。就在雨水剛落下的瞬間，區間車進站了。

　　北迴鐵路上的車站位置都相當奇特，除非刻意從地圖上尋找，不然搭乘著對號列車疾駛而過，那瞬間真的很難發現它們的存在。而崇德車站進出相當不方便，這個車站存在的意義，對我來說也成了謎。

INFO

台鐵車站編號 _ 7040
所屬路線 _ 北迴線
位置 _ 花蓮縣秀林鄉崇德村海濱路 96 號
站體型式 _ 平面車站
啟用日期 _ 1975.02.28
上行車站 _ 和仁車站
下行車站 _ 新城車站

周邊延伸景點
清水斷崖、太魯閣國家公園、七星潭風景區

崇德瑩農場 ・ 太平洋邊的紐西蘭秘景

距離清水斷崖及太魯閣國家公園不遠的「崇德瑩農場」，是近年新開發的園區。跟著導航走進鄉間小路，真的很難想像這裡藏著一間被譽為台版紐西蘭的農場。雖然名為農場，但進入到崇德瑩後也會發現裡頭分為好幾個部分，提供露營車、飛行傘、風味餐、沙灘車、極限運動、賞鯨輕旅行等遊憩服務。拜訪當時仍在試營運及分區開發階段，所以園區僅有部分設施及商家營運中，其他都還是在整建籌備階段。

園區地址 _
花蓮縣秀林鄉材下台地霧溪旁

清水斷崖 ・ 懸崖邊的日出

　　清水斷崖為台灣十景，更是花蓮相當著名的景點之一。無論是從觀景台，或是划著獨木舟在太平洋上欣賞，不同角度有不同的感受。而最棒的觀賞時間是在日出到中午之前，看那海岸線的海水顏色隨著日光角度有所變化，深淺藍色變化之間，色澤宛如碧玉一般迷人。

景點位置 _ 蘇花公路 171.1km 處

拜訪小叮嚀

・ 崇德車站僅停靠區間車。

・ 崇德車站步行至清水斷崖單程約 2 小時，砂石車眾多、不建議徒步前往。

15

平和車站

封存平和日常的小角落

去過了和平車站，看過水泥工他們燃燒著生命，
搭著區間列車上工的日常。
來到名字剛好相反的平和車站，一字之反，它們的風景是大不同。

吉安慶修院 ★

↑ N

鯉魚潭風景區 ●

🚉 平和車站
★ 立川漁場

雲山水 ★

新光兆豐農場 ●

方方正正、白白淨淨的大理石外觀，雖沒有大車站的霸氣，卻有一種深藏寧靜的日常風景，這是「平和車站」當時給我的第一印象。由大理石拼湊的步道，一片一片將旅客連結月台與車站大廳。走在無人的大廳，連櫃檯窗口也遍尋不著。車站雖緊鄰東華大學側門，但未有太多的人潮會光臨這座車站，景象常常冷冷清清、平平淡淡。

平和車站最初因位處鯉魚潭的南方，故稱池南車站，後來因在壽豐鄉平和村內，才改名為平和。在花東新車站運動推動下，原本閒置的站房重新整修完成，並大幅改善車站內月台的設施。走在月台上，棚遮是花東線的特色，雖然車站及月台層有經過大幅整修，但棚遮上依然爬滿了青苔，告訴旅客，這裡屬於我們的碧綠世界，請勿打擾。

站在車站前，望去是一片壯闊的高山。那筆直的街道，卻沒有一台車子奔馳其上，勾勒喧擾。站前兩旁雖有房舍，卻都不約而同地拉下深鎖的藍色鐵捲門。唯有站旁的那間雜貨店，大樹下一個打盹的阿伯，還有一隻露出「打量眼神」的小黃狗看著我。車站、鐵道雖與聚落有了連結，卻連結不起來與世界之間的喧囂，在這裡，一切平和。

INFO

台鐵車站編號 _ 6230
所屬路線 _ 台東線
位置 _ 花蓮縣壽豐鄉平和村平和路一號
站體型式 _ 平面車站
啟用日期 _ 1934.04.20
上行車站 _ 壽豐車站
下行車站 _ 志學車站

周邊延伸景點

雲山水、新光兆豐農場、立川漁場、
鯉魚潭風景區、吉安慶修院

吉安慶修院 · 日風寺院的小時光

日治時代，日本政府選定台灣較晚開發區域，以解決農村人口過剩、耕地與糧食不足的問題，在吉安鄉成立吉野村（吉野移民村），移居生活貧困的日人。吉安慶修院前身為「吉野布教所」，不僅是當時移居日人的信仰中心，也具備醫療所、課堂室以及喪葬法事服務處等各式功能。

後來長年失修而閒置，直到 1997 年，慶修院獲為縣定三級古蹟，開始進行古蹟的修復工程。修護竣工後，慶修院成為花東地區唯一的日式佛寺國家古蹟，保留了請自日本四國的八十八尊神像，濃厚的日式風情更吸引許多旅客前往，成為遊客到花蓮必訪的景點。

園區地址 _
花蓮縣吉安鄉吉安村中興路 345 號之 1

68

 雲山水 ・ 夢境中的暮光森林

　　有雲、有山、有水，這就是雲山水的最佳寫照，每每來到這裡，心情總可換得一片寧靜。雲山水位於花蓮壽豐鄉，別稱夢幻湖，是數年前花東地區竄起的新景點。園區內主要的設施都是由民宿業者打造，除了住宿區外，大多免費開放提供遊客參觀。

　　園區種植的落羽松和眾多植物會隨著季節變遷換色，四季拜訪雲山水所呈現的感覺皆不同，夢幻蒂芬妮色的湖水是雲山水最大的特色。湖畔的民宿區矗立著歐風的城堡，當城堡倒映在水面上，宛如自己成了童話故事的王子、公主般。尤其來到水上森林，那奇幻場景美得讓人驚艷，常聽第一次拜訪的朋友說：「好像走到暮光之城的場景裡頭了！」

拜訪小叮嚀

・ 雲山水的小黑蚊非常多，建議做好防蚊措施。
・ 吉安慶修院的門票可全額折抵園區消費。

16 光復車站

緩慢步調的後山小城

夏天的風吹過縱谷的森林，陣陣涼意掛上心頭，
綿綿冰在口中溶出一片沁涼，
我在光復詠頌一首夏日的終曲。

N

吉利潭●

🚉 光復車站

光復糖廠
馬太鞍濕地●

★ 太巴塱天主教
聖母教堂

●大農大富平地森林園區

從花蓮出發，睡意才剛溫暖了椅墊，就必須要和火車分手了。和火車在車站月台上揮別後，帶點惆悵的表情，我來到了光復車站。車站被一片蔚藍壟罩，原來這就是夏天的韻味。身旁幾個自行車好手牽著愛車、臉上滿是笑容，彷彿在期待著即將啟程的旅行，和我一起過了驗票口。

陽光透過天窗灑落在大廳的地面上，空氣顯得好透明。匆匆跑進車站購票的老婦人激起地面的塵埃，灰塵在陽光中載浮載沉；欣賞著這微美的小雪花，也意外讓我打了幾個噴嚏。對比急忙的老婦人，候車區座位上正在與瞌睡蟲搏鬥的老先生，與世無爭的神情顯得悠閒。

少山車站外，夏日的藍天白雲朵朵高掛，陽光投射在如宣紙紋路般斑白的光復車站上。幾個小小的方格，好像寫書法的參考線，好想讓人在光復車站的牆面上寫下幾筆水墨，紀念我的到此一遊。又巧遇了那自行車好手，他們和我一樣興奮地拿著相機，拚命捕捉光復車站90幾歲的笑容。這種啟程旅行的感動，讓人心跳很快、很快。

INFO

台鐵車站編號 _ 6160
所屬路線 _ 台東線
位置 _
花蓮縣光復鄉大安村中正路一段 2-1 號
站體型式 _ 平面車站
啟用日期 _ 1913.11.20
上行車站 _ 萬榮車站
下行車站 _ 大富車站

光復鄉舊稱「馬太鞍」，因此光復車站舊稱也為「馬太鞍站」，是花東鐵路各對號列車必停的大站，車站已經有九十年以上的歷史了。過了馬路，正式投入光復鄉的懷抱，用一種陌生人的新鮮眼光，發掘這座縱谷小城的古早風貌。光復鄉和台灣其他各大都市發展一般，以火車站為起點，車站前是最繁華的街區。市區曾經因為花蓮糖廠進駐而風光燦爛過，如今摘下光環，留下緩慢步調的小城風味。隨著花東鐵路改建計畫，光復車站即將褪去目前的外衣，換上新造型與未來的旅客見面。相信光復日後一定會隨著鐵路改建計畫，重新帶給小鎮更多的觀光人潮。

周邊延伸景點

馬太鞍濕地、光復糖廠、
大農大富平地森林園區、吉利潭、
太巴塱天主教聖母教堂

太巴塱天主教聖母教堂 · 藏在部落裡的尖頂教堂

　　太巴塱部落是阿美族部落，意思為有很多白色螃蟹的地方，是花蓮縣最大的阿美族群聚落。而聚落的「太巴塱天主教聖母教堂」是部落信仰中心，平常也是村民的活動中心。教會尖頂式的建築在部落中格外醒目，大型玻璃彩繪壁牆繪上了精緻的圖像，莊嚴肅穆、充滿細節，讓人彷彿置身歐洲的教堂，為之驚艷，吸引許多人前來拍攝取景。

教堂位置_
花蓮縣光復鄉中正路二段 90 號

光復糖廠 · 住在糖廠裡面的晚時光

　　台灣各地皆有糖廠，每間糖廠生產的冰品不盡相同，光復糖廠賣的多為冰品及特調飲料。除了吃冰、喝涼外，光復糖廠園區內共有二十幾個景點可參觀，有紀念品販賣部、超市、特產店和小木屋住宿區等等，非常適合當作休息的中繼站。

　　特別一提的是，糖廠的住宿區為了維護住宿的旅客權益，是不開放遊客參觀的。如想更深度體驗，也只能選擇入住糖廠的小木屋住宿區，體驗與員工一起駐守在光復糖廠內的感覺。

糖廠地址 _
花蓮縣光復鄉大進村糖廠街 19 號

拜訪小叮嚀

· 光復車站步行至光復糖廠約 15 分鐘，可轉乘公車或台灣好行前往周邊景區。
· 光復車站前有店家提供租借腳踏車、機車、汽車及計程車接駁服務。

17 大富車站

追求的結果，
都是一樣的嗎？

追求萬貫家財、追求長久的愛情、追求更高的事業……
終其一生我們都在追求著什麼，卻也逐漸忘記了什麼。

在大富車站下車，列車駛離後，風景好像停格的電影，無人的月台、指標上一個大大的「嗚」字，卻是靜得可以。在改建計畫中，大富車站雖然有了新月台，但舊的月台仍然保留，卻已閒置一旁。無車停靠、無人走踏，舊月台的時代雖已瓦解，也用最美麗的身影，承載著過往曾踏上老月台的旅客記憶。

步入大廳，隨著駐站人員的離開，車站內外的窗戶都已經被拆光，留下了簡單的窗框，框住大富車站內、外的日常。外牆的大理石磚掛上了車站的名，可洗石子的外牆上也被山寨了一個塗鴉板的名字，一個規矩、一個隨意，這樣的對比，看著看著也覺得有趣。當地居民對於車站有著濃厚情感，不忍車站空間一直閒置著，因而發起了認養，在車站內、外佈置了許多裝置藝術，讓沉寂、冰冷的車站空間，充滿了人的味道。那個隨性的塗鴉雖不合理，卻也讓規規矩矩的車站，多了一點俏皮。

大富車站緊鄰「大豐」及「大富」兩個村莊，由於正門與大富村連結，因此取名為大富車站。過去大富村拜鄰近的糖廠所致，曾是花東縱谷中，相當熱鬧的聚落。隨著光復糖廠停業後，村落泡沫化，僅留下兩旁低矮的木造平房，人口外移、店家也少去了大半，留下一些生活在此的老居民，守護著這座村庄。

INFO

台鐵車站編號 _ 6150
所屬路線 _ 台東線
位置 _ 花蓮縣光復鄉大富村明德路一號
站體型式 _ 平面車站
啟用日期 _ 1918.11.01
上行車站 _ 光復車站
下行車站 _ 富源車站

周邊延伸景點

光復糖廠、大農大富平地森林園區、
富源國家森林遊樂區、馬遠部落

大農大富平地森林園區 · 台灣三大森林園區追風趣

　　大農大富平地森林園區是愛台 12 建設中的
「綠色造林計畫」，其中預計在台灣闢建的三
大森林園區，分別是鰲鼓濕地平地森林園區、
林後四林平地森林園區，以及花蓮的大農大富
平地森林園區。園區沒有華麗的設施，也沒有
引人入勝的人造裝置，只有一片綠意盎然的森
林與無限延伸的自行車道，對於旅行來說，這
樣簡單就足夠了。加上我本身就是一個很喜歡
騎腳踏車的人，能馳騁在這樣芬多精環繞的森
林裡，專用道無任何人車爭道，且相當平坦、
安全，更能享受到森林與大氣間的溫度調和，
半天下來，讓人感到很放鬆。

園區地址 _
花蓮縣光復鄉農場路 31 號

18 東里車站 — 風交織出的一片拼布

柔和的光線越過海岸山脈，
落在縱谷之中，點亮了縱谷居民的一天。
儘管臉上還帶了點睡意，
但看著綠色稻海覆蓋的大地、吹著徐徐微風，
心彷彿也跟著風，穿越了阡陌稻田。

玉里麵、玉里橋頭冰、
玉里橋頭臭豆腐 •
客城鐵橋
🚉 東里車站
赤科山 •
N
六十石山 •
富里車站 •

東里車站被譽為花東縱谷間視野最遼闊的一站。最初的東里車站稱為「大庄驛」，於 1942 年設站，位在現在的縱谷公路旁、也是花東鐵道的舊線上。後來為了縮短行車距離，玉里至東里之間進行鐵路改線，重新規劃了新東里車站的位置，在 2007 年新建啟用後，舊站因而廢止，成為鐵道自行車旅客專用的鐵馬休息站。新的東里車站，候車月台的屋頂以波浪型的外觀為意向，宛如縱谷間展翅高飛的翅膀。也因為採高架設計，讓人站在月台上可以擁有寬闊的藍天、綿延的山脈、綠色的田野，感受風把最美的景致都帶來了，「東里車站」也曾是花東鐵路上我最嚮往的一站。

三等站的東里車站，一天之內停靠的班次不多，主要車種以區間車、普快車為主。車站內平時鮮少旅客，偶有自強號呼嘯而過時，才會勾起月台的一陣擾動。夏季時，縱谷的能見度很高，天氣好的時候站在月台上就可以看見台灣第一高山「玉山」，是拜訪東里車站的最佳季節。

INFO

台鐵車站編號 _ 6100
所屬路線 _ 台東線
位置 _ 花蓮縣富里鄉東里村大莊路 15-6 號
站體型式 _ 高架車站
啟用日期 _ 1924.05.01
上行車站 _ 玉里車站
下行車站 _ 東竹車站

周邊延伸景點

富里車站、六十石山、赤科山、
玉里麵、玉里橋頭冰、
玉里橋頭臭豆腐

客城鐵橋 · 原來鐵道迷都在這裡拍月曆

　　許多關於玉里的照片中，經常看到一輛列車奔馳、紅色鐵橋和翠綠稻田呼應的景色，這是玉里鎮郊區的特色地標「客城鐵橋」。客城鐵橋雖然不是官方的著名觀光景點，但風景會隨著縱谷的四季而變換，吸引了許多人前來拍攝照片留念。夏季有綠油油的稻田，春季則是映著山水的水田，冬季休耕期更有油菜花及波斯菊，隨著春耕夏耘，鐵橋也會呈現出不同景色與大家相見，是許多鐵道迷眼中的攝影秘境。而要如何知道火車何時會經過鐵橋？其實只要看玉里車站的時刻表，往北要往前推、往南要往後推，各抓 10 分鐘，就是火車差不多會經過鐵橋的時間。

拜訪小叮嚀

· 欲參觀東里車站只要告知站長即可入站參觀，不需另外購買月台票。

· 東里車站班次少、不建議以搭火車方式前往，建議自行開車或是騎乘機車，機動性會略高些。堅持想搭火車前往的朋友，建議可搭乘至較多班次停靠的玉里車站，再租單車騎乘前往東里車站。

· 東里車站附近無商家，建議自行攜帶水及零食等等。

19

富里車站

打開收藏記憶風土的穀倉

春耕夏耘的縱谷，不同季節來都有不同的風景令人驚艷，
這是農人與季風協力之下的創作，
搭著火車，來到富里，
也打開了一個令人驚豔的「米倉」。

★富里六十石山

↑
N

富里車站🚉
●瑞舞丹大戲院

吉拉米代部落●　●吉哈拉艾

花東鐵道進行電氣化讓沿線許多車站進行全面改建。有的車站拉了皮，有的則是以嶄新的面貌與旅人相見。原本樣式非常傳統、呆板的富里車站也在此項計畫中獲得全新的面容，以「大地的穀倉」全新姿態，復出。

搭著火車從城市出發，一路撞進了山與天的花東縱谷之中。位於花蓮最南端鄉鎮的「富里鄉」，自古因土地肥沃而富饒許多物產得名「富里」，是花東縱谷產米的大鎮，更是「富麗米」的故鄉。台鐵花東線途經富里，並設立了富里車站，車站配合「花東新車站運動」計畫，已經改建完工，以「大地的穀倉」為設計理念，敞開壁面，白天引進通風與自然光源，達到節能減碳的效果，晚上則是用間接光源，以自然柔和的色調打造室內照明，更獲得了2017年香港建築師學會兩岸四地建築設計大獎，成為米鄉的新門戶。

民國100年時，我曾追隨著鐵道100的車站印章來到了富里。不過因為車站的外觀實在不起眼、也相當老舊，當時便沒有特別拍照紀念。現在站在同樣一個路口，富里車站外的臨停接送區依然寬敞開闊，同樣有許多富里人在此盼著家人搭著火車歸來，不過眼前的富里車站已經截然不同了。蠻懊惱當時沒有拍個一、兩張照片紀念過往的富里車站。

富里車站一直是富里人相當重要的對外交通連結，在當地人心中更有一個無可取代的地位。富里車站在大幅度的改造與重新設計後，成為與當地人文景觀融合的「專屬車站」，新的富里車站，也持續替每一個富里人的每一段旅途，寫下全新的故事。

INFO

台鐵車站編號 _ 6080
所屬路線 _ 台東線
位置 _ 花蓮縣富里鄉富里村車站街 56 號
站體型式 _ 平面車站
上行車站 _ 東竹車站
下行車站 _ 池上車站

周邊延伸景點

瑞舞丹大戲院、六十石山、
吉拉米代部落、吉哈拉艾

富里六十石山 · 遇見最療癒人心的金針花浪

　　富里鄉，花蓮最南邊的一個鄉，每年八、九月之際，海岸線的高山上總是開滿鮮黃的忘憂草。第一天我們搭乘自強號從台北出發抵達花蓮，租了車沿著公路上山，經過了好幾個驚險的髮夾彎，來到了六十石山最有名的「小瑞士觀景台」。有忘憂草之稱的金針花屬於百合花的一種，金針花照射到陽光後便會開花，隨著陽光照射時間越久，花就會越老，直到傍晚花就枯萎了。一朵花從日出開至日落最久只開一天，隔天即開上另一、二朵，因此賞金針花的最佳時間為太陽升起前後一小時，最佳花期為八月中旬至九月中旬，是金針花最盛開的時候。

　　上六十石山之前記得先做好功課，經過規劃的富里「六十石山」和玉里「赤科山」兩座山金針花海園區，主要分為農民採收區和遊客觀賞區。採收區為花農收成販售之用，觀賞區則是特地規劃留給遊客前來欣賞、拍攝。記得把觀賞區和採收區位置搞清楚，隨意闖進採收區拍照，會弄壞人家的經濟作物，不但會受到花農制止之外也會搞壞心情的。另外，園區一旁有很多小商店很早就開了，記得別忘了買一份好吃的「炸金針花」來品嚐看看喔！

拜訪小叮嚀

· 由於富里車站距離景點較遠，建議可從池上車站租車後再自駕來此，會較為機動方便一些。

20 池上車站

池上散步的四季色彩

租了一台腳踏車，沿著鄉間小道騎乘，
累了就找一片草地躺著。
綠樹整齊排排站，張開沁涼的樹蔭，
望著在天際紛飛的風箏，五顏六色的點綴了池上碧藍的天空。
池上的風，牽著我，翱翔白日夢。

池上車站
多力米故事館
大坡池
大池豆包豆豆花豆漿店
伯朗大道
金城武樹
天堂路

N

大學時期第一次搭火車環島，當時為了收集台鐵在民國百年推出的 100 個車站紀念章，我搭上了火車抵達池上車站。當時的池上車站才準備要進行車站改造工程，車站的站體還是維持在舊站的模樣。隨著時間推到了 2017 年，台鐵花東線車站改造工程也陸續進入尾聲，再度搭上火車來到許久未訪的池上，從下了自強號列車的那刻開始，池上車站的風貌已經和我當年所看到的模樣完全不同了。

早年花東線的火車站因還沒有環保及呼應在地文化特色的概念與理念，所以大多車站蓋出來的樣貌都差不多，也沒有太大的特色，不是方方正正的、就是大同小異。但在花東電氣化後，許多車站因應計畫，全都換上了新面貌，原本披著雪白外觀的池上車站，也從方正的盒子蛻變成充滿藝文氣質的新車站。

池上車站雖然是三等站，也並不是每一台普悠瑪及太魯閣都會停靠於此。加上自強號班次不多，但仍然選擇翻修車站，成為新的池上門戶。設計師以「米豐饌香」為主題發想基礎，建築設計更呼應了在地文化的風貌，從月台沿著長廊走到大廳，穿廊層、檢票口都掛滿了池上的藝術風景作品。挑高的圓弧柱子撐起大廳的屋頂，玻璃帷幕的外牆引進舒適的日光，寬闊的空間在視覺上令人驚艷，就像是走進了日本的車站，非常迷人。

隨著時代的需求不同，許多車站進行門面轉型，讓車站成為一個景點。新的池上車站建築用嶄新的容顏迎接遊客的到來，重新承載旅人們新的池上記憶。

INFO

台鐵車站編號 _ 6070
所屬路線 _ 台東線
位置 _ 台東縣池上鄉福文村鐵花路 30 號
站體型式 _ 平面車站
啟用日期 _ 1924.09.01
上行車站 _ 富里車站
下行車站 _ 海端車站

周邊延伸景點

大坡池、天堂路、多力米故事館、
金城武樹、伯朗大道

伯朗大道 · 騎入稻香的感情線

伯朗大道只是花東縱谷間阡陌道路中的其中一條，卻是最能反映出花東農人耕作日子的一條路徑。筆直的道路，原是農人前往農田的路徑，後來在咖啡廣告取景之後，冠名上了「伯朗大道」的藝名，成為池上最有名的一條大道。

大道迷人的地方是隨著季節改變的風景，插秧前放著水，映著海岸山脈的壯闊；插秧後，稻苗組成一片新綠的風景；稻秧吸收大地精華後，稻穗飽滿、謙虛低頭，宣告著一季的精華都已完成；收割後，土地換成一片橙黃色，滿滿的油菜花組成冬季最新的花東風景。但那些我們覺得很美的風景，不過都是池上的日常。

大池豆包豆花豆漿店 · 遇見不變的日常滋味

　　什麼是古早味？就是秉持傳統製法所產生的美味。走進傳統工廠，豆皮像是絲綢般，片片懸掛在木桿上。夾附的水分，在地心引力下緩緩落下，在風的吹撫下，熱氣伴隨縷煙，香氣滿了工廠的空間。天還沒亮的時候，工廠就開始上工了，五十多年的日子，製作豆皮的光景都沒變。看著豆皮生產的過程，也能品嚐手工現做的各式豆料理，有煎豆包、豆花、豆漿，從視覺上、氣味上、味蕾上都滿足了旅客。

店家地址 _
台東縣池上鄉大埔鄉 39 之 2 號

拜訪小叮嚀

· 台北少有直達池上的列車，可先搭乘至玉里車站後，轉乘區間車或租車前往池上車站。

21
海端車站

——深藏稻海的彼端

在星光下開著車，一盞一盞的路燈指引著道路，
穿越了田間阡陌的小路。
破曉迷幻了天空的浮雲，一抹陽光灑落在縱谷間的綠色地毯上，
關掉收音機，搖下左邊車窗，
窗外的風把縱谷草香的空氣帶入車內。
草香搖醒了身上的疲憊；前往海端的路究竟還有多遠？
當年開著車，我找尋著這座遠離城市百公里的車站。

霧鹿峽谷 ●   池上車站 ●
            ● 大坡池
            風景區 N
海端車站 🚉
        ● 伯朗大道

米國學校 ★
關山永全花生酥 ★ 🚉 關山車站

「鐵門的拉開聲響劃破了街道的寧靜，穿著制服的女學生提著臉上的惺忪，不發一語的在等候著公車進站。早餐店阿姨手上鍋鏟敲打出的節奏，伴隨著香味傳遞了出來，肚子提醒著我，6點了！」

海端車站雖名為海端，卻不屬於台東海端鄉。實際位置屬於台東關山鎮，但車站斜對角是海端鄉公所，郵局、衛生所主要行政機構聚集地都在車站附近，地理位置相當矛盾，是個名不符實的海端鄉門戶。

我很喜歡「海端」這名字，由布農族語「Haitotowan」簡化而來，指的是「三面被山圍繞、一面敞開」的虎口地形。若是沒前往過，從意境上的想像就覺得很美。由於海端車站停靠的列車班次不多，2014年時，選擇以開車方式從台北開夜車直殺前往。當時覺得「海端」彷彿真的在海的那一端，路途有夠遙遠。直到看見海端車站，有一種終於抵達的感覺。

當時海端車站雖有一個完整的車站站體，實際上一天逆行與順行的車次僅有8個班次，日平均通勤人數不超過10人，這也讓海端車站降為無人管理站，隱身在荒煙漫草之中。售票區鐵門深鎖，驗票區積滿了灰塵，月台則是被雜草叢生所覆蓋，海端車站上的招牌甚至連「車」字都失蹤了，打破了我當時對於海端車站的美好想像，更有一種辛酸不禁湧上心頭。

INFO

台鐵車站編號 _ 6060
所屬路線 _ 台東線
位置 _
台東縣關山鎮德高里西莊 49 號
站體型式 _ 平面車站
啟用日期 _ 1924.08.27
上行車站 _ 池上車站
下行車站 _ 關山車站

周邊延伸景點

池上車站、大坡池風景區、
伯朗大道、關山車站、霧鹿峽谷

隨著花東鐵路電氣化，花東沿線車站獲得改頭換面的轉機，數年後再訪海端車站，風貌已經不可同日而語。刷上了白色的外觀、勾勒上藍色的線條，全新的面貌就像是穿上了嫁紗，美輪美奐。但能有多少人會願意來看它、了解它呢？這就無從而知了。

米國學校 · 碾米廠改造而成的米世界

　　由關山農會打造出的「米國學校」座落在省道旁，設有水稻文物館、米食 DIY 教室、米雕教室、農產品展售中心，讓旅客來到關山可以更深刻的認識這裡，而不再只是買關山米、吃關山米而已。

　　走進米國學校，一股淡淡的米香撲鼻而來。眼前這棟建築物是過去的輾米廠，裡頭陳設的大型機具，彷彿還輪轉著過去製米的過程。場館內除了文字及圖片輔佐之外，還能看到真實的碾米器具擺在眼前。館內也不只是有關山米的處理過程與種植故事，更可以報名體驗碾米，親手將稻穀、粗糠、糙米到白米全程自己碾製，並包裝成屬於自己的關山米當成紀念品帶回家。

場館位置 _ 台東縣關山鎮昌林路 24-1 號

關山永全花生酥 · 焦糖口味花生酥，台東伴手禮在這裡！

　　偶然在朋友贈送下吃到這間「關山永全花生酥」，之後就一直念念不忘。永全花生酥已經開業半個世紀，是關山老字號名店，是我現在只要有經過關山就會買回家的伴手禮。採用北港花生製作的花生酥，不僅不黏牙、甜度也剛好，最受歡迎。我個人非常喜歡的就是焦糖口味，這與市面上吃到的花生酥口味截然不同，也讓人一邊看影集、一邊就不自覺地吃完一整包，真是太罪惡了！

店家位置 _
台東縣關山鎮中山路 105 號

拜訪小叮嚀

· 海端車站的列車班次相當少，建議開車或從鄰近的池上車站租借機車前往。

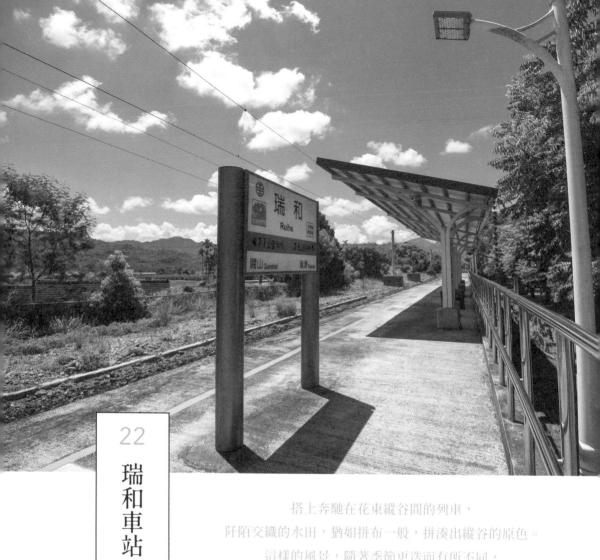

22

瑞和車站

一杯咖啡飄香的喵電感應

搭上奔馳在花東縱谷間的列車，

阡陌交織的水田，猶如拼布一般，拼湊出縱谷的原色。

這樣的風景，隨著季節更迭而有所不同，

也是每回搭乘列車到花蓮、台東時，最讓人期待的景觀。

在這樣的景色中，有些車站拉開了班距，希望你好好「逗留」，

享受一種逗留的浪漫。

花蓮到台東之間有著許多車站，除了大站之外，有些小站對於外地人來說，幾乎是無感的存在。瑞和車站位於鹿野鄉瑞豐村，也曾稱為「瑞豐車站」，但隨著瑞和村從瑞豐村分出，車站才重新改名為現在的「瑞和車站」。

瑞和車站一直是瑞和村的門戶，直到 1989 年，隨著客運公路的開發，使用車站的乘客大量驟減，車站才被降為招呼站，並由鄰近的瑞源車站管理。雖然車站等級被降級，但仍然不屈不饒的活著，也找到了新的出口。在當地協會認養下，重新活化了瑞和車站內閒置的空間。走進車站，悠揚的爵士音樂環繞了整個車站大廳，空間裡用了許多老照片及文字輔佐，寫下了過往的故事，彷彿打開了「歷史的窗口」，讓人跌入過往的老時光。不僅如此，車站旁的廣場也經常舉辦活動吸引旅客，更賣起了咖啡，讓原本的售票口，成為咖啡飄香的窗口。瑞和車站有了新的「味道」，更讓社區重新出發。

現在，無人駐守的瑞和車站每天仍有火車經過，依然要有一個站長負責看守，所以特別找來了新站長「小啡」駐站，用「喵星人」的最高態度來守護車站，也帶著遊客，用一杯咖啡的時光，認識這座車站故事，感受這座車站的風景。不過，我去的時候站長剛好翹班，可能還需要一點心電感應，才能見到站長本人吧。

INFO

台鐵車站編號 _ 6040
所屬路線 _ 台東線
位置 _ 台東縣鹿野鄉瑞和村瑞景路 3 段 1-1 號
站體型式 _ 平面車站
啟用日期 _ 1923.07.14
上行車站 _ 關山車站
下行車站 _ 瑞源車站

周邊延伸景點

武陵綠色隧道、二層坪水橋、鹿野高台、紅葉溫泉

二層坪水橋 · 縱谷版的水往上流

「二層坪水橋」被稱之為「縱谷版的水往上流」，功能雖然大同小異，卻不是因為視覺產生的錯覺，而是為了因應地勢，特別建立「水橋」讓水順著坡度，流向目的地，達到農事灌溉功能。而紅磚搭建的水橋，採用仿糯米橋形式的拱橋設計，在田野中特別突出，更是全國第一座拱形建造的景觀水橋。隨著周邊農耕風景的變化，有稻海、稻穗相伴，也有油菜花、波斯菊相襯，在列車進出站的時候，更能拍下列車奔馳與磚橋相應的美景。

拜訪小叮嚀

· 瑞和車站僅停靠區間車，班次稀少，如欲前往，建議可採用租車自駕最為方便，更可串聯延伸周邊景點。

山里

Shanli

23

山里車站

深藏山裡的迷你小站

出了社會工作之後才發現，
原來「好好旅行」不是這樣容易的一件事情，
在時間有限的假期裡，慢慢旅行都已經變成一種奢侈了。

初鹿牧場 ●　　　　山里教會 🏠　　↑ N
　　　　　　　　　　　　　　🚉 山里車站
台東原生應用植物園 ●

　　　　　　　　　　　　● 利吉惡地

🚉 檳榔車站

2014 年，那年來台東朝聖鹿野熱氣球嘉年華的開幕活動，看完熱氣球後因為時間還早，不想這麼快回到台東市區，於是就和朋友想著要去哪裡走走。記得那時候新聞一直頻頻報導這座隱身在山林之中的秘境車站「山里車站」，勾起了我與朋友的興趣，立刻就把山里車站排進了行程之中，那次也是我與山里車站的初見面。

山里車站如其名，真的藏在山裡。雖然搭火車只要 10 幾分鐘的車程，但若從台東沿著公路進來的話，就得花上 30 分鐘左右的路程。過去也因花東鐵道尚未電氣化，往山里車站的班次不多，讓山里車站蓋上了一層神秘的面紗，因而被封為很難抵達的車站，藏著一種獨特的幽靜。車站內也有許多貓，牠們彷彿非常熟悉車站內外的環境，在月台邊、車站的座椅上跳來跳去，時不時還會對著來往的旅客喵喵叫，讓這座隱身在山中的車站又多了一點可愛的生命力。

隨著「花東新車站運動」及「花東鐵路電氣化」，山里車站進行了一次翻修，現在的外觀與初次見面時有所不同了。普悠瑪及太魯閣號增班直搗台東，台鐵區間車改點後，停靠山里車站的車次變得比過去更加密集，也多了更多機會與山里見面。

INFO

台鐵車站編號 _ 6010
所屬路線 _ 台東線
位置 _ 台東縣卑南鄉嘉豐村山里路 108 號
站體型式 _ 平面車站
啟用日期 _ 1982.06.27
上行車站 _ 鹿野車站
下行車站 _ 台東車站

周邊延伸景點

台東原生應用植物園、初鹿牧場、
利吉惡地、檳榔車站

山里教會 · 石頭外牆砌起的可愛教堂

　　走出山里車站，即是卑南鄉的山里村落。村莊內最醒目的就是山里教堂，山里教會採用鵝卵石堆砌而成，蓋上了一層雪白的漆，上頭頂著紅色十字架，在歲月的侵蝕之下雖有些斑駁，卻更襯托出教會的穩重感。歌手王宏恩的 MV「向前衝」即是來到山里福音教會和山里車站取景；光影之間的山里教會，靜靜地守候在此，即使受到風吹日曬，略顯掉漆的牆面增添一抹滄桑感，仍不減這座小教堂的清麗脫俗。

拜訪小叮嚀

· 山里車站僅停靠區間車，由於班次不多，建議可採自駕前往。

多 良

DUO - LIANG

金崙 ←→ 瀧溪
2.9公里　　5.4公里

24
多良車站

遙遠的破曉

南迴公路的 5 點鐘，天光爬過了海平線，
太平洋的海面逐漸染紅、落在太麻里的山頭上。
我開著車，跟著導航指引，在前往台東最美車站的路上。
每隔一段時間，我就會回台東，
看看這個知名度越來越高的老朋友。

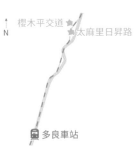

↑ 櫻木平交道 ★
N　　　★ 太麻里日昇路

🚃 多良車站

　　多良車站看出去的海特別清晰，更可遠眺蘭嶼和綠島。因有著極佳的視野與風景，被譽為台灣最美的車站，也是台灣目前知名度最高的觀光車站。多良車站座落在南迴線上，因客運量始終不高，自 2006 年 7 月 1 日起結束旅客載運業務，同年的 10 月 1 日正式裁撤。我還記得在列車最後停靠的那一天，打開了電視新聞，許多鐵道迷及旅客都來為此車站做最後的結局記錄。一座美麗的車站，敵不過現實，終究走入歷史。撤站後的多良，回歸了無人關心的狀態，曾經與世隔絕、殘破不堪。

　　多良車站緊鄰多良部落，為原住民打腊打蘭社所在地，後更名「多多良」，在南迴鐵路設站後簡稱為「多良」。設站計畫當時，因瀧溪至金崙區間較長，選擇在多良興建號誌站供單線列車交會。車站原本為山坡地，兩端均為隧道，南迴鐵路工程處特別將車站以高架設計，造就了多良車站美麗的視野，只要站在月台上，即可俯瞰整個太平洋。一直是鐵道迷口中的秘境車站，現在配合觀光轉型為「多良觀光車站」，成為著名的觀光園區，但列車始終沒有規劃停靠於此。

　　南迴線鐵道過去是台灣環島鐵道路網中最後一段尚未電氣化的路線，沒有被電車線干擾的風景，有著迷人的自然景致。但隨著南迴鐵路電氣化完工，多良原本純淨的風景，也在電桿的設立下，回不去了。

INFO

台鐵車站編號 _ 214
所屬路線 _ 南迴線
位置 _
台東縣太麻里鄉多良村瀧溪 8-1 號
站體型式 _ 高架車站
設站日期：1992.10.18
廢站日期：2006.10.01

太麻里日昇路 · 通往太平洋的絕美大道

　　從太麻里車站出站後，這一條筆直的「日昇路」直通蔚藍海岸，道路彷彿直直通往太平洋，是許多旅客到達太麻里後留下的第一印象。日昇路由高往低前進，如其名，天氣晴朗時可以在此看見美麗的日出，更可以看見絕美的太平洋景色。由於車子不多，就像是伯朗大道一般，吸引許多旅客站在道路中間拍照。雖然現場並沒有明文規定禁止，但拍照之餘也請大家多加注意來往車輛與自身安全。

景點位置 _
台東縣太麻里鄉太麻里車站前

景點位置 _
台東縣太麻里鄉東 63 鄉道

太麻里櫻木平交道 · 激似灌籃高手片頭曲拍攝場景

　　灌籃高手是許多人童年的回憶，動畫片頭曲原型的真實場景其實是在日本神奈川鎌倉江之島電鐵的「鎌倉高校前」站旁，但現在有人在台灣太麻里發現了激似動畫中場景的平交道，並取名為櫻木平交道，讓許多無法前去日本找尋原場景的粉絲也能在台灣當地過過癮。由於慕名前往櫻木平交道的遊客很多，加上平交道的地點冷僻，當地也設置了許多指引引導遊客前往，並規劃了專用停車場給遊客使用。

拜訪小叮嚀

· 多良車站目前有郵輪式列車停靠，詳情請洽台鐵網站。

· 車站月台層目前封閉中，請勿任意攀越進入以免發生危險。

· 若要到多良車站看日出，請務必做好防蚊措施。

25

加祿車站

最大的小站，最小的大站

從省道旁分歧而出的淺灰色柏油路，
兩旁風景從矮房轉換成整片開花的芒果樹園，
那蜜蜂正嗡嗡地飛舞，蜜海中找尋甜味。
我的視線越過樹海的一端，
黃色屋頂的加祿車站，悄悄地座落在那頭。

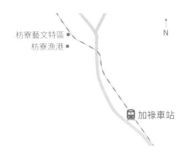

位於南迴鐵路上的加祿車站因只有單軌行駛的關係，班次無法密集增加來服務加祿村的居民。又因鄰近公路，客運交通的發達，讓加祿車站的旅客使用率逐年下降。如今，加祿車站只留下一位管理的站務員，伴隨著每日少有的幾班區間車旅客。雖然車站運量不高，但車站因緊鄰加祿堂營區，站前廣場上更畫有 H 標誌的直升機停機坪，這裡，被鐵道迷譽為台灣「最大的小站」。

前些年流行特殊車票，加祿車站也趕上風潮，推出「加祿、康樂」與「加祿、東海」等紀念車票，分別代表「加官晉祿、健康快樂」、「福如東海」等兩種涵義。所販售的紀念款車票和追分成功、永保安康一樣都屬「厚票卡」，可特別收藏之外，更可持車票搭乘當日列車前往東海或康樂站。

第一次來加祿車站時，是搭乘國光客運至附近下車後步行前往。當時因為班次不多，才選擇以搭客運方式前來。隨著南迴鐵路電氣化完工，未來要前往加祿車站的班次或許會增班，旅客要靠搭區間車前往這座最大的小站，就會變得更加便利了。

INFO

台鐵車站編號 _ 5130
所屬路線 _ 南迴線
位置 _ 屏東縣枋山鄉加祿村會社路 53 號
站體型式 _ 平面車站
啟用日期 _ 1992.10.05
上行車站 _ 枋寮車站
下行車站 _ 內獅車站

周邊延伸景點

枋寮漁港、枋寮藝文特區

拜訪小叮嚀

· 加祿車站火車行駛的班次相當少，建議自行開車或搭乘公路客運前往較便利。
· 加祿車站的月台區為保安全，平時未開放遊客參觀，需經站務人員的許可才得以通行進入。

26 內獅車站

落山風吹過的全心全意

芒果農用時間換來初夏的喜悅，
滿開的小花會用香氣換來香甜嗎？
持之以恆感覺很容易，困難的是全心全意，誰願意？

🚉 加祿車站

↑
N

🚉 內獅車站

🚉 枋山車站

『恆春觀光鐵道從屏東內獅車站分歧而出，南延至恆春，全線採單軌電化沿山側闢建，全長約 37.7 公里，共設 8 個車站，該計畫可行性研究報告已獲交通部核可。』電視新聞畫面上，記者及政府官員一行人風光地來到內獅車站，舉辦了一場記者會。跑馬燈消息就像是內獅車站跑了多年的馬拉松，終於等到了轉機，等到柳暗花明的這一刻，是內獅車站曝光率最高、設站以來最風光的一天。

南迴線上雖然有設置許多車站，但由於沿線居民使用車站搭乘列車的意願不高，加上班次也不多，運量始終是台灣眾多車站中墊底的幾個，內獅車站亦是「倒數俱樂部名單」中的一員。

不過內獅車站從裡到外都設計得很漂亮，月台的遮棚更隱藏玄機。綠色的廊柱撐起了橘色的屋瓦，屋簷兩端模仿雕塑的造型充滿濃厚的中國風；車站則以黃色的屋頂、紅色的圍牆築構，在藍天青山的背景之下相當顯眼，極具特色。看得出來早期內獅車站是個重點車站，才會如此悉心雕琢月台上的小細節。

但走進車站大廳，無人駐守的車站，只聽得到屏東的落山風呼嘯地吹。車站內的窗戶和門都已拆除得一乾二淨，置身在裡頭感覺像是一間興建到一半的空屋，若不是牆上貼著那張火車進站時刻表，很難想像這是一個車站的大廳。

內獅車站雖緊鄰內獅聚落，但當地居民根本不會以火車對外通勤，讓內獅車站形同虛設，大多時候車站的旅客量幾乎都是掛零。隨著南迴鐵道電氣化，當年沒有電線纏繞天空的內獅車站，也做了微幅的改變，月台新建了雨遮，一根根的電桿矗立著。在恆春觀光鐵道的拍板定案後，期待未來的內獅車站會多一些人煙，而不再只是落山風呼嘯而過的懸念而已。

INFO

台鐵車站編號 _ 5140

所屬路線 _ 南迴線

位置 _
屏東縣枋山鄉加祿村南和路 43 號

站體型式 _ 平面車站

啟用日期 _ 1992.10.05

上行車站 _ 加祿車站

下行車站 _ 枋山車站

拜訪小叮嚀

· 內獅車站僅停靠區間車，一天之內的班次超級少，建議搭乘客運或自行開車前往較為方便。

· 車站附近無任何商家，記得準備充足的飲用水再前往。

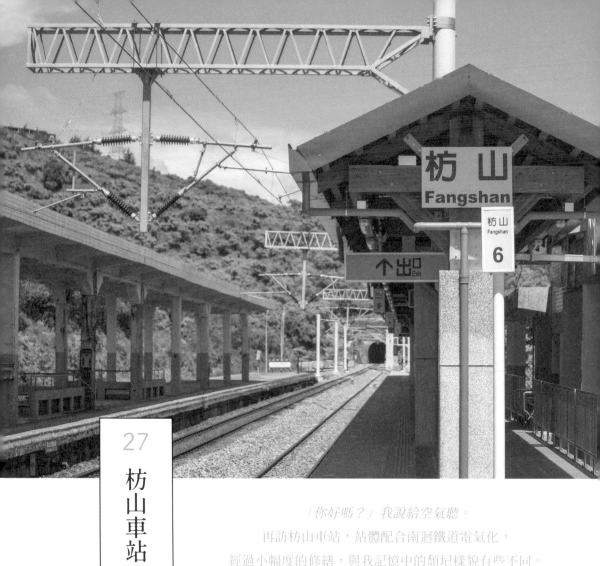

枋山
Fangshan

枋山
Fangshan
6

↑出口
Exit

27

枋山車站

這一站，無人下車的秘境車站

「你好嗎？」我說給空氣聽。

再訪枋山車站，站體配合南迴鐵道電氣化，

經過小幅度的修繕，與我記憶中的頹圮樣貌有些不同。

但車站那陽光下的陰影，依然有當年自己給自己回應的聲音。

↑
N

枋山車站 🚉
枋山休閒農場 ●

枋山海岸 ●

「從高雄搭著國光客運往墾丁方向的列車，高速公路上從高樓大廈轉換到田園風景，過了枋寮鄉，正當陶醉在蜿蜒海岸線美景時，枋山村到了。」初次拜訪偏遠的枋山車站那年，是從高雄搭乘客運的方式前往，因為枋山車站的班次真的太少了。數年過去，這座位在山頭上的「秘境車站」，依然是台灣最難抵達的車站嗎？二訪枋山車站的路途上，我心裡這樣想著。

有別於先前搭客運的方式，這次我開著車，開進了那年戴著耳機走過的鄉間小道，穿越了魚塭，穿越了芒果園，那時的30分鐘氣喘吁吁、伴隨著悶熱體感的記憶，行駛在這條5分鐘的路上，油然而生。

緊鄰著山麓的枋山車站，從山下看，遠遠的、小小的。站在車站前，這座山腰間最大的小站，以黃色的建築樣貌，矗立在此。

「你好嗎？」我的問侯迴盪在空氣裡。

因為地點距離村落太遠，這裡不受當地居民青睞，運量終年墊底。連台鐵列車都不願意加班停靠，一天兩班次的往返，現在亦是如此。也由於班次稀少，枋山車站被認定為最難抵達的車站之一，撐起了鐵道迷的幻想。幻想這裡的秘境之感，幻想著這裡的遙遠之美，當年我也是如此而來，更從山下走了30分鐘的山路，路途遙遠之辛苦，記憶猶新，當時心中浮現的「我終於也來到了自己不曾想過的地方」那種感動，現在依然溫熱著。

在台灣真正被認定為「秘境車站」的只有兩個，分別是阿里山線的「神木車站」與南迴線的「枋山車站」。現在政府在枋山的未來畫出了一張藍圖，前瞻基礎建設的計劃中，預計從內獅車站分歧而出一條全新的路線－「恆春線」，一路延伸往台灣的尾巴，到有「國境之南」美名的恆春。新規劃的恆春線，雖然途經枋山，卻繞過了原有的枋山車站，成立了新枋山站，讓人倍感期待、卻也擔憂，或許會因此而讓枋山車站的命運，跌入更慘的谷底嗎？

鐵門深鎖的枋山車站，車站站體很大；走進熟悉的車站大廳，月台之間佈滿了施工中的道具。一位駐守於此的警衛大哥，看見我的到來，倍感興奮，熱情的拿起手機跟我分享著駐守在此時，所拍攝到的晨光美景。他也跟我說道，車站目前正在改建中，如果要拍照，得注意安全。枋山車站終於有了人，也有了溫度，與當年我初訪時，車站內杳無人煙、一種陰森的感覺，有所不同了。但一個人駐守在此的警衛大哥，在我離開之後，或許又是回到孤獨的吧。

離去時，車內的電台忽然播放著梁靜茹的「我好嗎？」。打開了車窗，想聞聞那年芒果開花的甜香氣味是否還在，可不巧，果農正在園子裡採收一顆顆結石纍纍的芒果。他額頭上掛滿的汗水告訴我，此刻的季節已是芒果產季尾聲……哪裡會有我記憶中的芒果花香呢？

「我好嗎？」有人在乎嗎。

INFO

台鐵車站編號 _ 5160
所屬路線 _ 南迴線
位置 _
屏東縣獅子鄉內獅村內獅巷 84 號
站體型式 _ 平面車站
啟用日期 _ 1992.10.05
上行車站 _ 內獅車站
下行車站 _ 古莊車站

周邊延伸景點

枋山海岸、枋山休閒農場

拜訪小叮嚀

· 欲前往枋山車站的朋友，建議搭乘公路客運在枋山村下車，沿著指標走約 30 分鐘即可抵達。但沿途荒涼無住家與商家，建議兩人以上行較為安全。

· 枋山車站目前為無人管制站，請勿任意穿越軌道。因緊鄰「枋山一號隧道」，萬一火車突然出了隧道，可是會來不及反應的。

28

六塊厝車站

最好的報復是美麗

有點不安，卻期待著轉變，這或許是六塊厝車站現在的心情。
這座原本無人知曉的無人車站，卻因為高鐵延伸屏東的話題，
因此爆紅，成為 2020 最受關注的一站。

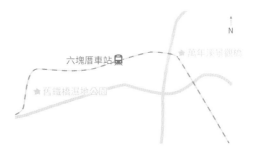

N

六塊厝車站 🚉 ———— 萬年溪景觀橋
舊鐵橋濕地公園 🏛

鐵路跨越了高屏溪，風景閃過窗，高屏溪上搖曳著芒草，河岸上一座斷了的舊鐵橋，組成猶如電影的美麗風景。列車的廣播響起：「六塊厝站到了！」我們的國境之南－屏東到了。

六塊厝車站的外觀，曾經修建過幾回，但現在則以磁磚拼貼，只保留下樑柱與天花板等骨架，是一座沒有牆的車站，看起來更像是一個巨大的涼亭。車站的設置，是因應當時方便旅客前往「競馬場」而誕生，後來馬場停業後，因附近只有五、六戶人家而得名「六塊厝」，與新北市的「九份」有異曲同工之妙。

車站外停滿了利用此車站通勤的居民代步機車，但車站周邊無觀光景點，除了尖峰上下班時間外，車站都是非常冷清的狀態，是一座運量不高的無人招呼站。也因為如此，車站保留了許多質樸的景致，像是站在天橋上往南方看去，屏東的田野風光盡收眼底，如果在晴朗的傍晚來此，那夕色，也把人的思緒染了一層粉紅。

六塊厝車站這個原本默默無名的車站，在 2020 時因高鐵延伸屏東，將選定於車站附近設立「高鐵屏東站」而引爆話題、一夕成名，成為南台灣眾所矚目的「小車站」。許多人懷疑，這座車站附近杳無人煙，為何會選擇在此落點高鐵站？帶出了不少人來研究六塊厝車站的歷史與故事。但不管未來如何發展，都期待高鐵延伸至屏東設站，更期待「時勢造英雄」，屏東高鐵站能像苗栗高鐵站一樣，帶著六塊厝車站一起爬上屏東的軌道新時代。

INFO

台鐵車站編號 _ 4470
所屬路線 _ 屏東線
位置 _ 屏東縣屏東市長安里光復路 392 號
站體型式 _ 平面車站
啟用日期 _ 1913.12.20
上行車站 _ 九曲堂車站
下行車站 _ 屏東車站

周邊延伸景點

舊鐵橋濕地公園、萬年溪景觀橋

舊鐵橋濕地公園 ・ 濕地新面貌

　　舊鐵橋是連接兩岸的通道，更是連接高雄與屏東的
感情線。沿著台 21 線從林園出發一路上行到那瑪夏，
沿途有許多小小的秘境供人探索放鬆，而舊鐵橋是其
中亮點之一。舊鐵橋興建於 1911 年，跨越高屏溪連
接了高雄大樹與屏東市兩岸，完工當時為東南亞最長
的鐵路橋樑。但在天災的摧殘下，目前僅剩幾座跨越
的拱型鐵橋。舊鐵橋退役後，台鐵也在一旁新建了鐵
路橋，並把舊鐵橋的部分橋體原地保留，結合了高屏
溪的河岸生態，成立舊鐵橋濕地公園，並整合周邊的
自行車道，成了寓教於樂的園區。

鐵橋位置 _
高雄市大樹區竹寮路 109 號（可搭乘電車至九曲堂站步行前往）

　　留下的片段舊鐵橋，當年許多來往高雄、屏東的旅人
都是靠著它們跨越過兩岸。鐵橋雖然在歲月無情的鏽蝕
下呈現出斑白色彩，卻不減過往的霸氣風華，承載著這
些旅人的記憶。不妨找個時間，來這個曾經帶著許多旅
人穿越空間的舊鐵橋走走，慢慢咀嚼它過往的故事。

萬年溪景觀橋 · 屏東的天使翅膀

　　萬年溪早期被當地居民戲稱為「萬年臭」，經過近數年的努力已經煥然一新，撇去了長久以來惡臭沖天的印象，從惡名昭彰的臭水溝搖身變成親水的河岸，水質不但乾淨許多，周邊的景觀也改變了。

　　萬年溪景觀橋歷經 21 月的施工打造，全長 254 公尺，貫穿屏東市區的萬年溪，為行人、單車專用陸橋，連接了萬年公園、勞工公園。橋身為白色的矩形鋼骨構造，從地面上看起來像一雙翅膀，展翅高飛，在屏東市的天空畫出一抹白色的微笑，成為屏東市的新地標。每天入夜景觀橋更有精采的光雕秀，是白天、夜晚都適合逗留的好地方。

橋樑位址 _
自立路與建國路交叉口（步行約
15 分鐘）

29

竹田車站

天光暈染的老驛園

清晨 5 點多，天還沒亮，藍皮列車停靠在竹田車站。
車站內外沒有半個人，蛙鳴聲伴隨著我，
走在沒有電子看板的月台。
尚未熄滅的路燈，照亮了牆上那白底黑字，
木板上寫著「竹田」兩字，是一段未熄滅的故事，
也寫下了居民對車站的濃厚感情。

竹田驛園
竹田車站 ●池上一郎博士文庫
伯公麵店

↑
N

●八大森林博覽樂園

數十年前，台鐵屏東線還沒有高架化，我對竹田車站就留下了深刻的第一印象。隨著鐵路高架化完工，新的竹田車站也有了新氣象，充滿現代感的高架車站就設立在木造的舊車站旁，形成了非常衝突的畫面。竹田舊站興建於西元 1919 年，距今約八十多年的歷史，當時以「囤物驛」的名稱開始營業。「囤物」在客語意指堆積囤放的意思，早期竹田是米穀的轉運站，囤放了大量的米糧，同時也是水路轉運站，因此得囤物之名。

INFO

台鐵車站編號 _ 5040
所屬路線 _ 屏東線
位置 _ 屏東縣竹田鄉履豐村豐明路 27 號之 1
站體型式 _ 高架車站
啟用日期 _ 1919.11.16
上行車站 _ 西勢車站
下行車站 _ 潮州車站

周邊延伸景點

竹田驛園、池上一郎博士文庫、
八大森林博覽樂園

隨著新站體的設置，木造車站被完整保留下來，成為台灣碩果僅存的幾座木造車站。雖然距離村落還是有段距離，也不像大台北地區走出車站就有便利商店如此方便，但仍是附近居民、學生上課、上班通勤必然出入的門戶。由於出入的人數不多、班次也少，目前沒有全天候的站員售票管制，只在特定時間內有台鐵人員提供售票服務。據說在幾年前原本打算要廢站拆除，但在竹田鄉親極力奔走之下，終究還是保留了下來。並規劃成鐵道主題專區「竹田驛園」，繼續賦予竹田車站新的使命，延續竹田人的記憶。

竹田驛園 · 封存的記憶，零距離

「竹田驛園」以竹田車站為中心發展，附近的古蹟都被列為竹田驛園的一部分，有些發展成咖啡廳，有的主要拿來作為展覽用途使用。車站南側的倉庫，整建成以攝影為主題的展覽館；車站內部目前為販售紀念品及鐵路相關商品，內部有辦公室、茶水間、信號房、值夜室、木製桌椅，以及木窗售票口，也設有「鐵路之旅—小站巡禮紀念章」戳章，提供有在收集紀念章的旅客蓋戳留念！

竹田車站在日治時期為出口農產品的鐵路重鎮，極盛時期，車站附近甚至有旅館及公共澡堂。當時的繁華，隨著時代遷移，人潮消失了，僅留存「小澡堂」在驛園中讓後人緬懷過去的盛況。

園區地址 _
屏東縣竹田鄉履豐村豐明路 27-1 號

伯公麵店 · 在土地公爺爺家吃麵

　　竹田國小對面的「伯公麵店」是一間開在土地公廟裡的麵店，用餐的場所就在廟門裡、神壇前，土地公爺爺及眾神明就圍繞在身邊看著自己吃麵，不僅吃麵的體驗場合非常特殊，鹹湯圓更是最受客人歡迎的單品。

　　皮薄 Q 彈的湯圓搭配白菜和油蔥組成的湯頭，鹹甜口感相當爽口。一口咬下湯圓，肉汁爆出蝦米和胡椒香氣，想嘗鮮的還可以點單顆來品嚐，是當地客家鄉親最愛的一道料理。另外，麵店的涼拌豬肝是內行人必吃的秒殺單品，每日限量很快就被饕客搶購一空。

店家地址 _
屏東縣竹田鄉中正路 23 號

拜訪小叮嚀

· 竹田車站距離熱鬧地區有段距離，最近的便利商店要步行約 15 分鐘。

· 車站內有許多水池造景，夏日易滋生小黑蚊，提醒大家要做好防蚊措施再前來。

· 竹田車站每日固定時間有駐站人員，若想購買車票紀念的朋友可上網查詢駐站時間。

30 南州車站

晴朗的旅程 有一段便當香伴隨著

藍皮區間車從高雄發車了！
許多人不約而同的打開了鐵路便當，讓香氣填滿車廂的每一寸空間中。
坐在 3A 靠窗的位置上，南國的陽光穿過窗口，
落在椅墊上，搖曳著窗外的風景。
列車駛過一片檳榔林，忽然高聳的大武山映入眼前，
和白雲交織成國境之南的風景。
那便當的香氣，也一路跟著我來到了南洲。

　　南洲車站原名為「溪州停車場」，早期連結了一旁的南州糖廠，設立糖業運輸用的支線，車站也多為糖業運輸服務所用。但隨著糖業沒落後，南州車站回到了平靜的時光。為了帶動人潮，數年前舉辦的「屏東熱帶農業博覽會」也曾選在南州車站及南州糖廠舉辦，帶動了車站的一點人氣。

　　1923 年設立的南州車站，雖是南州居民的主要門戶、南迴鐵路中的大站，卻因離市區有些距離，加上平時僅停靠區間車及少部分莒光號與自強號，在公路交通發達後，更少有居民會選擇利用南州車站通勤了。

　　隨著潮州到枋寮段電氣化通車，雙線電氣化工程也持續進行中，更意外誤傳出一段「新南州車站」改造過後的美麗願景圖，引起了話題、讓當地居民充滿期待。不過後來經過證實，那只是一場如泡沫的幻想，未來只會改善現在的車站、月台及雨庇，但也可看出當地居民對車站新風貌的期盼。

　　現在的南州車站，仍然像是一個外觀如藍色包裝紙的禮盒，以一條紅色緞帶繫著，靜靜的在此等待著旅客，去拉開這禮物，發現一段鐵道旅行的驚喜。

INFO

台鐵車站編號 _ 5070
所屬路線 _ 屏東線
位置 _ 屏東縣南州鄉仁里村仁里路 86 號
站體型式 _ 平面車站
啟用日期 _ 1923.10.11
上行車站 _ 崁頂車站
下行車站 _ 鎮安車站

周邊延伸景點

南州糖廠、南州運動公園

園區地址 _
屏東縣南州鄉永安路 1 號

南州糖廠 · 走入龍貓世界中的綠色隧道

　　沿著車站前的仁里路，走路約 10 分鐘左右，即可看見南州糖廠的入口。糖廠園區內荒廢的房舍，有一種斑駁的美，大片綠色的樹海，也彷彿是卡通龍貓中的那座穿越森林，夾道歡迎來訪的旅客。緊鄰車站的「南州糖廠」原名為「東港製糖所」，成立於 1920 年，屬於台糖管理，是台灣目前最南端的一間糖廠。

　　後來糖業沒落，製糖工廠在 2003 年吹熄燈號，近年轉型為觀光糖廠，開放遊客參觀，糖廠也在內部增設許多休憩遊樂設施，全盛時期還有糖廠小火車可以搭乘。最受旅客歡迎的，莫過於糖廠商店。炎炎的季節裡，吃著一支糖廠冰，是多麼療癒。廠內有一座「哈薩克咖啡可可園區」營運中，販售屏東當地的農特產與現做飲料、咖啡。老闆更以「廢物利用再回收」的概念改造垃圾，設計了許多有趣的互動裝置藝術作品，每個設施都有它的意義存在。

31 鎮安車站
雨後暮色沖淡的小站

夏末一場滂沱大雨，潮濕的空氣還帶著悶熱感，
天空卻已經掛上了第一顆星星。
那片橙紅色的彩霞，在舊軌道那頭延伸，
泛著波光的廢棄魚塭，治癒了月台上的人們。
雨後的天空，特別清澈，無人月台的鳴笛聲也讓人特別清醒。

東港車站 🚃
大鵬灣風景區 ●　　　　　鎮安車站 🚃

　　搭上屏東特有的藍皮區間車，屏東線隨著高架化後，風景拉升了很多，視野也變得開闊，一個突然，列車又回到了平面。屏東縣鐵路高架化目前僅延伸至潮州車站，鐵軌持續往南，依然保持沒有電線，保留了完整又乾淨的天際線。坐在車窗，看著窗外的風景隨著軌道延伸的拉扯，魚塭、檳榔樹與陰天一路伴隨，廣播此時響起：「鎮安車站到了！」

　　下了列車，目送藍皮區間車離開，灰白色的水泥月台延伸到盡頭，是一個小小的平交道。我回頭遠望鎮安車站，那乳白色雨遮，經過歲月的洗禮已經有著鏽蝕的痕跡，擋得住風雨，卻擋不住如流水的光陰。走在泛黃的場景中，寂靜呼應著灰白色的天空，車站內那一座沒人候車的長椅，與鎮安車站周圍的氣氛一樣凝結，站在鎮安，時間彷彿停止了。忽然，一輛即將進站的自強號，打破了原本寧靜的氣氛。

鎮安車站在早期原是通往東港的主要轉乘站，曾經有條東港支線從鎮安車站分歧後，把旅人拉進了大鵬灣及東港鎮，有著全南台灣最短里程的支線之稱。隨著時代變遷，公路取代了鐵路，運輸量降低，東港的列車客運屢屢出現赤字，東港線在 1991 年正式停止客運業務，但整條鐵路依然留有軍事運輸的功能，直到 2002 年，這條東港支線正式廢止，僅留下了部分殘存的軌道，供人緬懷。

雖然轉轍器已拆除，我跟著往過的記憶走在鏽蝕的軌道上，想聆聽東港線曾經的興衰故事。但夕色逐漸替鎮安車站蓋上了泛黃的色調，一種淡淡的懷舊韻味油然而生。軌道旁是一整座養鴨場，鴨子們看看我這個不速之客，紛紛探頭望看，畫面可愛極了。

望著軌道那端，回想曾有許多前往東港的旅人都是搭著火車來到鎮安，再轉乘單趟來回的區間車前往東港。這段只能在歷史中閱讀的過往，隨著國家政策的相關計畫已有了一點生機，或許有朝一日，東港支線會像深澳線一樣，因應觀光需求，再度復活重現，讓鎮安車站重回人聲鼎沸的喧囂。

INFO

台鐵車站編號 _ 5080
所屬路線 _ 屏東線
位置 _ 屏東縣林邊鄉鎮安村永和路 4 號
站體型式 _ 平面車站
啟用日期 _ 1940.07.19
上行車站 _ 南州車站
下行車站 _ 林邊車站

周邊延伸景點

大鵬灣風景區、東港車站

拜訪小叮嚀

· 鎮安車站僅停靠區間車，平日停靠的班次不多。

32 林邊車站

黑水化成了吹進心田的風

第一次環島時,乘著列車旅行來到了林邊車站。
那年的林邊車站正在進行車站高架化工程,
一眼瞬間,新林邊車站完工了,
也讓人可站上那高架的月台,吹著從大武山而來的風。

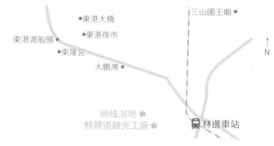

早期林邊為平埔族放索社的活動範圍，因為樹林茂盛，漢人移民選在樹林邊開闢，形成聚落，便取名「林仔邊」，後期才簡化為「林邊」。由於林邊地勢低窪，颱風季來臨時，常從電視上得知林邊地區海水倒灌等相關新聞，淹水造成林邊居民相當大的困擾。加上舊林邊溪橋的高度比兩邊堤防低，常導致林邊車站淪陷於水患中，造成停駛。台鐵為了克服淹水的問題，決定將林邊沿線鐵路高架化，以解決每逢大雨淹水就必須停駛的窘境。林邊車站採原址新建，把舊有的林邊車站拆除後就地高架化，成為現代感十足的「新林邊車站」。

當舊站拆除後，前站的空間成了全新的站前廣場，放置了一個大大的蓮霧裝置藝術作品，象徵來到了蓮霧之鄉；站前的小公園也成了林邊居民休憩的好去處。由於車站高架化的關係，讓前後站的居民不用再繞行遠路抵達市區或車站，直達貫通。最特別的是，高架後的林邊車站以白色為基調構起整個車站的視覺，月台上矗滿簡單造型的白色燈柱，視覺上給人超脫清新的感受。我相當喜歡新林邊車站所帶來的感覺。

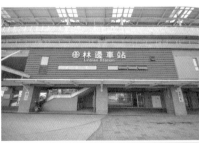

INFO

台鐵車站編號 _ 5090
所屬路線 _ 屏東線
位置 _
屏東縣林邊鄉仁和村仁愛路 33 號
站體型式 _ 高架車站
啟用日期 _ 1940.01.17
上行車站 _ 鎮安車站
下行車站 _ 佳冬車站

周邊延伸景點

大鵬灣、三山國王廟、
東港渡船頭、東港夜市、
東港大橋、東隆宮

崎峰濕地 · 賞鳥看夕陽的秘景之地

崎峰村緊鄰著海岸、部分區域又屬大鵬灣國家公園管埋，村落保有濃厚的漁村風貌。周邊除了許多魚塭養殖區之外，原本是片髒亂之地的「崎峰濕地」，在相關人士的整理、復育之下，泥沼地重新構築起一片海岸森林。數年時間過去，海茄苳、苦林盤、濱水菜、濱刀豆、濱缸豆及數十種招潮蟹都回來了，更不時可見成群的鷺鷥、黃頭鷺、金斑鴴、彎嘴濱鷸等等鳥類群聚或飛過，是許多愛鳥人士的賞鳥勝地，也是林邊看夕陽的秘境之地。

濕地位置 _
屏東縣林邊鄉成功路 600 號附近

鮮饌道觀光工廠 · 北海鱈魚香絲的觀光工廠

鮮饌道觀光工廠是有名的「北海鱈魚香絲」
製造工廠。隨著轉型為觀光工廠,旅客來此可
以體驗自己做「鱈魚香絲」,也可買到相關的
伴手禮。可體驗把軟軟的鱈魚片放入機器之中
加熱,看鱈魚片像是年糕一樣,大大膨脹、冷
卻後又瞬間變得像菜圃餅的模樣。工作人員說,
趁它冷卻之前先捏塑成甜筒狀,最後蓋上一球
香草冰淇淋跟東港櫻花蝦,特殊的吃法更是在
這裡才能品嚐得到!

工廠地址 _
屏東縣林邊鄉成功路 122 號

拜訪小叮嚀

· 林邊車站售票處有提供林邊新站啟用落成的紀念印章,有興趣收集紀念章的朋友可以來找找看。

· 站前廣場,車站高架橋底下提供免費汽機車停車格,歡迎大家多加運用。

33

佳冬車站

雨季後的水鄉澤國

未知的地方，總讓人構築了幻想，產生了嚮往。
真實的地方，卻沒有人願意看到現實的全部，
因為大多數人，只想看他們想看的部分。

從枋寮轉搭了藍皮列車，列車緩緩地奔馳在屏東的田野平原之上，駛過了林邊溪上方。風景從平原轉換成井然有序的魚塭，水車用規律的轉速在魚塭上激打出水花；天空上頭貼著一片小彩虹，彷彿在對光臨南台灣的旅客拍手一般。車廂內的電風扇也努力在轉動著，努力想吹散車廂內的熱氣，我打開車窗，讓自然風吹進空間裡，淡淡的汽油味也隨之而來。這是溫存時代記憶「藍皮列車」才有的「體感」旅行。佳冬站到了，傳說中的「水鄉澤國」到了。

沿著狹長的島式月台走到車站大廳，微弱的燈光打在售票大廳的列車時刻表上，灰暗的空間搭配白色磁磚貼滿的水泥站體，這是水鄉澤國的門戶，也是我對於佳冬車站的初印象。佳冬車站雖然隱身在巷子裡，站前也沒有大城市中以車站為中心發展的繁榮景色，卻是一路之隔的「佳冬村」居民主要對外聯繫車站。

INFO

台鐵車站編號 _ 5100
所屬路線 _ 屏東線
位置 _ 屏東縣佳冬鄉六根村復興路 21 號
站體型式 _ 平面車站
啟用日期 _ 1940.07.01
上行車站 _ 崁頂車站
下行車站 _ 鎮安車站

周邊延伸景點

蕭家古厝、佳冬神社、神農宮

台灣中部以南的沿海地區因嚴重超抽地下水，過往總是在豪雨、颱風期間，在電視上看見「佳冬鄉」又被淹成「水鄉澤國」的新聞畫面。那時，才進而認識到佳冬的存在，但被水淹怕的「林邊車站」已經先行高架化，而佳冬車站依然在原地打轉。數年過去，近年淹水的消息少了，佳冬車站也軌道電氣化了，但車站卻依然存在於海平線之下，不知何時才能以新的面貌與大家相見？

佳冬詩人步道 · 迷詩在古老的村莊中

　　佳冬村內有許多不同時空、風格背景的建築同時矗立眼前，有的古色古香，有的優雅迷人。一開始覺得或許佳冬是一個再平凡不過的小鄉村，沿著冬根路走，詭譎的老建築上帶有華麗巴洛克風格，壯闊的閩式三合院、超脫現實的老棉被店、復古味十足的老教堂、古老的西柵城門等等，巷弄之間卻處處是驚奇。

　　佳冬的居民大多為六堆分駐而來的客家人，沒有過度的開發與商業化，古建築都保存得相當完善，遺留下來的古厝，經過翻新整建後，成了佳冬最美麗的地標。

一天　　　林生祥

一天沒歸在你田唇
一天沒歸去飯來食
想起屋家喂唱唱門
山歌你唱就愛唱
朝晨起床金眼睛睜
過畫一半晝
春去田坵放個頭
睡膝頭
來去後山劃竹筍
時時頭頭食肥垠
条屋上唱山歌

蕭家古厝 · 遊走在厝脊上的貓

　　佳冬因獨有的海港條件，港口的設置帶動了地方發展，當地的居民透過經濟貿易，成就盛名世家。在佳冬聚落中可以看見許多大宅和富麗堂皇的祠堂，這些都是過去生活在此的富裕居民展現，佳冬鄉的大宅也比其他客家鄉鎮來得要多。

　　蕭家為佳冬當地的望族，自古以來就是賢人輩出的大戶。隨著人丁增多、房間的需求也增多，古厝範圍隨著歷代的修築工程越來越大。由於歷史悠久，古厝面積廣大，園區內共有五十多間房間，曾經居住上百人在古厝之內。每一個房間也都有不同的功能與用途，是全台灣唯一的客家五進大屋古蹟。

古厝地址 _ 屏東縣佳冬鄉溝渚路 150 號

拜訪小叮嚀

· 佳冬車站對外大眾運輸相當發達，可搭乘火車或是公路客運前往。

· 在佳冬村拍攝若遇到居民，記得先打聲招呼，村落內有許多老人家不喜歡被隨意拍攝。

34

東海車站

長途慢車
駛過一段鹹甜平原

追隨著車過了枋寮，普快列車慢慢的、晃晃的，
晃進了屏東的田，晃進了屏東的甜。
當車門開啓，我帶著鹹，換了屏東的鹹。

東海車站
水底寮
F3藝術特區
枋寮漁港

N

　　從高雄出發的區間車，終點都會停靠在「枋寮車站」。枋寮車站的前一站，則是停靠東海車站。這座許多人陌生的車站，是一座無人管理的車站；下車時，會發現車站的「內」與「外」沒有明顯的界線，設施從簡，僅用一片告示牌告訴旅客，這是一座車站。車站座落在村內，並以一條彩繪大道連接著東海村，有許多小朋友自在的在車站內、大道上玩耍，彷彿整個車站周邊都是他們的遊樂場。東海車站就像是一座不起眼的小公園，如此渺小卻又緊密地與居民共同生活著。

東海車站位於屏東縣枋寮鄉，與台東的「海端車站」一樣，名字中有「海」卻都「不靠海」。因降為無人招呼站，南迴線列車往返花東的對號列車幾乎都沒有停靠此站，唯有那發出引擎聲吶喊的柴油列車才有停靠。也因鐵路班次稀少，當地的居民平時不太願意在此候車，轉而依賴班次較多的公路客運進出東海村。回到車站，坐在車站內等車，風鹹鹹的，一軌之隔是整片魚塭，上頭打水的水車激起最澎湃的節奏，可月台上的長椅卻始終等不到一個來溫熱它，共同聆聽這聚落節奏的旅客。

過去屏東線、南迴線區間段尚未電氣化的關係，吃電的區間車過了潮州後，便無法繼續向南前進，只能搭上藍皮的「普快列車」，慢慢前往。往南的風景，也因為沒有電桿的矗立，鐵道的兩岸少了「五線譜」的劃分，藍天特別的清晰、風景特別的純粹。但也因為沒有電線，讓東海少了與現代化的連接，藍皮車來到此，猶如駛進了一個新世界。隨著南迴電氣化工程完成後，東海車站也電氣化、拉起了黑色的電線，停靠的班次增多了，但這是一種「蛻變」，或是仍然「不變」？

INFO

台鐵車站編號 _ 5110
所屬路線 _ 屏東線
位置 _ 屏東縣枋寮鄉東海村西安路 92 號
站體型式 _ 平面車站
啟用日期 _ 1953.01.16
上行車站 _ 佳冬車站
下行車站 _ 枋寮車站

周邊延伸景點

枋寮漁港、F3 藝術特區、水底寮

拜訪小叮嚀

· 東海車站僅停靠平快區間車。
· 從高雄出發的朋友，可搭乘國光客運往恆春方向公車，在東海站下車，步行約 15 分鐘即可抵達東海車站。也可從枋寮車站搭國光客運北上，一樣在東海站下車即可。
· 東海村裡有許多小吃，推薦大家去探尋。

35

大村車站

在顛倒世界裡的獨自精彩

你好嗎？天氣好嗎？那年搭上區間車前往大村的路上，
鄧福如的歌聲在我耳中迴盪著。
每段旅程都有一首屬於它的歌，伴隨著車窗外那些倒退的風景，
伴隨著我們每一段搖搖晃晃的旅途，最後留下深刻的旅行記憶。

陽光晴朗的日子，搭乘著自強號在彰化車站轉乘了往南的區間車。在彰化車站的月台商店買了一個台鐵排骨便當，剛出爐的便當溫度剛剛好，人生的溫度或許就像這個便當一樣，好好寶貝，就能溫暖地一直發出迷人的香氣吧？

還沒來到大村前，常常幻想著大村是個很多小村落聚集在一起的地方，或許會有一片金黃的稻田，田中央有著紅磚瓦的閩式三合院，三合院旁種植著盛開的蓮花……又或許會有棟許多麻雀跳躍在有稻草人駐守的茅草屋簷……各種天馬行空等的想法不斷浮現在腦海中。但來到了大村車站，那寬敞的大廳，透光的落地窗外映著大村的街景日常，彷彿與幻想過的地方有些類似，感覺好熟悉。

INFO
_____

台鐵車站編號 _ 3380
所屬路線 _ 縱貫線
位置 _
彰化縣大村鄉過溝村福進路 100 號
站體型式 _ 跨站式車站
啟用日期 _ 2006.04.04
上行車站 _ 花壇車站
下行車站 _ 員林車站

看著風景，卻忘了肚子已經餓了許久，看了看時間，沒想到已經下午 2 點鐘。握著依然溫熱的便當，走到了大村車站前站的小公園，席地而坐在公園內，打開我滿心期待的便當。公園內斑駁的風車陪伴著我，一起享受這陽光洗禮的野餐時光。吃完便當，回到月台候車，隨行的水瓶已經見底，而那暖暖的陽光也在我的手臂上燙下了一個印記，提醒著我在下個冬天來臨之前，人生的溫度也可以像手上的便當一樣，依然發出微熱的迷人香氣。

進昌咖啡烘焙咖啡館 · 在歐風莊園的一杯咖啡時光

大村進昌咖啡烘焙館開業多年，以一座美輪美奐的歐風莊園座落在田園中。館內展示眾多咖啡相關的知識與烘焙工具，最吸睛的莫過於特殊的建築造景與庭園，不管是用相機、手機，拍起來就猶如置身國外城堡般的錯覺，近年成為許多網美們打卡的聖地。入園雖需購買門票 150 元，但能折抵店內消費，簡單一杯咖啡的時光，再搭配幾位好友，就是美好的下午茶時光。

店家地址 _
彰化縣大村鄉中正東路 269 巷 271 弄

拜訪小叮嚀

· 大村車站僅停靠區間車。

· 車站前的風車公園為私人社區公園，目前開放給遊客參觀，請勿隨意棄置垃圾喔！

36

永靖車站

找回生活付之闕如的光景

打開臉書的「我的這一天」功能，
總是有一些雞毛蒜皮的小事，讓人會心一笑，
也有些事，會讓人勾起傷心的回憶。
但這些紀錄都是人生的一段過程，我們要感謝我們自己，
在人生的種種危機中，活出精彩的轉機。

　　還記得有次看見「永靖車站」這名字時，就深深被它給吸引，讓人從名字上有了第一層幻想，感覺是一個很安靜的地方。於是下定決心，買了一張火車票，追隨著永靖車站的方向前進。

　　當區間車駛離車站，風刮起車站月台旁的黃土，泥沙滾滾地蓋滿了我的視線。來到了無人管理的永靖車站，付之闕如，與我想像的有點落差，充滿了寂寥感，也與我心裡期待的相同，非常安靜。走在月台上，歲月與雨水一起鏽蝕了的雨遮，陽光從破洞中，灑落一地和煦，候車區的小長椅，還在等待能夠溫熱它的旅人，永靖車站內的一切好像永遠的靜止。在下一班區間車進站前，我走在車站周邊，車站旁的道路相當狹窄，路旁散佈著幾間民房住宅，附近沒有太多的繁華景象，唯有那彩繪過的圍牆是這村莊最生動的印象。

永靖鄉位於彰化平原上，早期永靖地區常發生族群間的械鬥及爭奪，當時的官員為了平定這些紛爭，賜名「永靖」，意為「永久平靖」的意思。之後在 1958 年設立了永靖車站，但車站距離永靖真正的市區有些距離，使用率很低，被降為無人駐守的招呼站。2013 年初次訪問永靖車站，寂寥的畫面記憶猶新，時序來到 2020 年，數年過去周邊城鎮已逐步開發，永靖車站因此獲得了轉機，從原本一天不到百人進站搭乘，至今累積到千人，已經成為全國最大的招呼站。而記憶中原本狹窄的巷弄小道，也升級為十米寬的大道，我記憶中的永靖車站，似乎已經不復在了。

INFO

台鐵車站編號 _ 3400
所屬路線 _ 縱貫線
位置 _ 彰化縣永靖鄉崙子村永崙路 25 號
站體型式 _ 平面車站
啟用日期 _ 1958.10.24
上行車站 _ 員林車站
下行車站 _ 社頭車站

周邊延伸景點

永靖老街、永靖故事牆、成美文化園、田尾公路花園、田中老街

拜訪小叮嚀

· 永靖車站僅停靠區間車。

· 永靖車站距離市區有一段相當遙遠的距離，車站附近並無景點，建議當做旅行的中繼點，簡單逗留即可。

37

石榴車站

我把我的秘密寫給你

一陣風從濁水溪吹來，
揚起了一片沙塵、揚起了一片落葉，
也揚起了一段被遺忘的時光，
是什麼樣的風，把你吹來了？

石榴車站

↑
N

斗六西市場
雲中街文創聚落
太平老街
行啟紀念館
斗六夜市

區間車跨越了台灣最長的濁水溪，過了林內車站，還在打瞌睡的我，被廣播聲提醒著：「石榴站，到了。」

跳下區間車，長長的水泥色月台，只有我一個乘客下車。沿著月台旁的小階梯走，隨即來到一片廣場，廣場上大樹往天空伸展著，地上滿是凌亂的落葉，一陣風刮起，刮向了寫著「百年老驛」的站牌上，也刮起了我對石榴車站的第一印象。

位於斗六市郊區的石榴車站，是一座僅停靠區間車的無人站，除了尖峰時段有些附近居民會利用車站之外，平常時刻杳無人煙，是熱鬧的西部鐵路上充滿「遺世感」的「秘境車站」。

照字義上來看，石榴車站前應該會有很多「石榴樹」或當地盛產的「石榴」，但石榴車站的石榴非植物石榴，而是指鐵道上的石碴。追溯歷史，石榴車站前身為 1905 年設立的「石榴班驛」。從日治時期就存在的木造站房，當時並未扛負交通運輸的大任，後來日本人為了開採濁水溪沿岸的石材，建設了石榴班石碴支線與設置信號站，隨著時間演變成為現在的石榴車站。而車站前的一大片廣場，就是早期石碴支線的鐵路位置，至於當時支線的實際位置，也無從考究了。因為早期車站附近為林班地，當地盛產「射榴」，射榴與運輸出產的礫石形狀相近，地名由來多少與植物也有淵源關係。

石榴車站曾有一段日子被世人遺忘。早期車站為藍色的站體，站房像是荒廢之地神隱在林子內，後來雲林縣政府接手之後，石榴車站大翻修才成為現在黑色站體的樣貌，可翻修之後的車站，似乎也失去了一些什麼味道。

INFO

台鐵車站編號 _ 3460

所屬路線 _ 縱貫線

位置 _ 雲林縣斗六市榴北里文明路 31 號

站體型式 _ 木造車站

啟用日期 _ 1905.10.15

上行車站 _ 林內車站

下行車站 _ 斗六車站

周邊延伸景點

太平老街、雲中街文創聚落、行啟紀念館、斗六西市場、斗六商圈、斗六夜市

太平老街 · 走進斗六人的西門町

長約 600 公尺的太平老街，共有八十多棟建築，多為巴洛克式風格，分別寫下了三種不同時代的故事。以斗六圓環為起點線性延伸，這條老街命運線多舛，在抗日過程中多處街屋歷經焚毀，後期又發生大地震，建築傾倒無數，但一路上，它都撐過來了。

現在的太平老街，街上的房屋分別誕生於三個不同時期，分別是日治時代的明治、大正、昭和時期。八十多棟建築以磚造為主，像是多胞胎，以共同壁相連，卻還是有著屬於自己的形貌與性格。部分兩層樓的建築更有「亭仔腳」的設計，堆疊起斗六近百年的歷史，是雲林縣最早開發的地區。走進街內，看不見觀光老街有的路邊攤及伴手禮店，多為留存至今的百年老店。如長生堂中藥房、長生堂診所等等，而新生印務局則是沿用過去的名字，繼續營業中。

老街位置 _
雲林縣斗六市太平路

斗六西市場 · 老市場中藏著許多庶民美食

斗六西市場緊鄰太平老街,是斗六婆媽替冰箱添購食材時會來採購的地方。走進充滿歷史的傳統市場空間,各式商品百貨、蔬果、雞、鴨、魚、肉及傳統小吃應有盡有,每個人手上都提著大包小包的。而市場除了可以逛之外,也匯集了許多斗六高人氣庶民小吃店,例如金塗小吃、吳記肉圓、鄧肉圓、木火便當、吳師傅燒臘三寶飯及西市鹽酥雞,這些都是在地經營超過數十年的老店,記得把肚子清空再來!

市場位置 _
雲林縣斗六市興北街 78 號附近

雲中街文創聚落 · 日式建築群重生之後的生活空間

　　我很喜歡雲中街的「雲中」這名字，讓人有了置身在雲中的幻想。其實，雲中街這區塊原是「警察局舊宿舍群」，原本舊頹的宿舍群在雲林縣政府的整修及保留下，重現當時的日式建築風格，讓原本荒廢的警察宿舍重新有了新生命，並賦予此區新的名稱為「雲中街文創聚落」，成為斗六新興的旅遊景點。目前部分建築內有一些店家營業中，平日來可能會覺得沒什麼人，但是假日來可就非常熱鬧了！

園區地址 _
雲林縣斗六市雲林路一段 75 巷 7 號

拜訪小町嗬

· 石榴車站僅停靠區間車，車站前無商店、住家零星，不建議一人前往，以策安全。

38

斗南車站

失去的溫柔等待，最溫柔

再次搭上火車，回家途中，熟悉的沿途風景，
有許多爺爺、奶奶跟我講過的故事。
當電車停靠車站，踏上了熟悉的月台、走出熟悉的剪票口，
但那年廣場上等著我回家的熟悉身影，卻已經不在了。
原來時間帶來的、帶走的，都比想像中的還多。

他里霧繪本館●

●雲林環境教育館

他里霧生活美學館☆

斗南車站🚃

N

斗南車站是日本人戰敗前在台灣最後留下的大型車站，從設站至今已經有百年歷史，而它曾經是雲林最新穎、最現代化的車站。從小在雲林海線長大的我，自從搬到了北部之後，在公路客運及高鐵發達的現今，已經很少搭火車回雲林了。還記得某次心血來潮，想換個方式回家，決定搭火車回雲林。

早期斗南車站有個相當好聽的名字，為「他里霧驛」。那時候要從海線地區通往別縣市的方法，只能搭著運輸甘蔗兼客運的糖廠火車前往斗南車站，再轉縱貫線火車出入，而車站前廣場正是早期糖鐵斗南站的舊址，斗南車站在雲林海線居民心中更佔有相當重要的地位。如今廣場鋪滿鮮豔的紅磚，僅留下車站斑駁的白牆、屋簷上的日本瓦，連結老一輩雲林人「回家」的共同記憶。

早期彰雲嘉南地區的輕軌運輸相當發達，大多都是用來載運甘蔗用的糖業鐵路。隨著糖業的沒落，許多糖運鐵軌都陸續拆除，有的變成道路、有的變成自行車道，老實說真的相當可惜，那些搭著糖廠火車外出的記憶，如今也只留在老一輩的雲林人口中傳頌了。

當時回家前，都會先打電話回家知會爺爺，他會開車來接我，更會提早在斗南車站前的廣場、等著我出站，接我回家吃晚餐。路途中，也總是可以聽到許多故事，像是爺爺當兵的時候是到斗南車站報到的，和奶奶一起去旅行的時候也是，種種記憶都還在。而這回，我抱著忐忑的心情，搭上了對號列車、踏上歸途。那些記憶還在，但那些講故事的身影，卻都已經不在了。

INFO

台鐵車站編號 _ 3480
所屬路線 _ 縱貫線
位置 _ 雲林縣斗南鎮南昌里中山路 2 號
站體型式 _ 平面車站
啟用日期 _ 1903.12.15
上行車站 _ 斗六車站
下行車站 _ 石龜車站

周邊延伸景點

他里霧生活美學館、他里霧繪本館、
雲林環境教育館

他里霧生活美學館 · 收藏雲林的美好時光

　　從斗南站走出來右轉，即可看到「他里霧生活美學館」。它原本是斗南車站前閒置多年的鐵路倉庫，經過長達 5 年的整修改造已完全改頭換面，打造出一條綠意廊道連結廢棄的倉庫，而那些倉庫也再加以活化，打造成「他里霧生活美學館」、「他里霧繪本館」等主題場館。

　　生活美學館裡展示著斗南地區的相關歷史、產業故事、生活面貌等等，而他里霧繪本館裡主要以展示兒童圖書為主，是許多小朋友的快樂天堂。這兩個經過改造的倉庫讓車站周遭充滿了新的活力，更讓許多來往斗南的旅客和當地居民有了新的好去處。

場館位置 _ 雲林縣斗南鎮南昌西路 27 號

39

石龜車站

回家吧！回到最初的美好

農人耕耘的大地拼布、燈燃起的阡陌小路，
都是村民回家的日常風景。
暮色黃昏裡，一群黑燕盤旋空中，
我耳中浮現了周杰倫「稻香」的旋律。
回家，便能遇見最初的美好。

N

蜜蜂故事館 ●
古坑綠色隧道 ●

良作工場 ●
農業文創館　🚉 石龜車站

第一次搭乘火車經過斗南與大林這一段的時候是初夏，區間車玻璃窗外反射油綠的稻田，那片青綠的風景，還深深烙印在腦海中。在這樣的風景之中，藏著一座「石龜車站」，它與世無爭的座落在阡陌交錯的田野中，看著眼前的風景隨農人的耕耘，在四季中替換。數年後再訪，當年被油綠包圍的石龜車站已經是金黃稻浪收割的季節。

石龜車站位於雲林縣斗南鎮，是雲林縣境內最南端的車站。用白色填滿了整個車站的意象，小巧的候車室，外牆以石板拼貼象徵「龜殼」的牆面，呼應「石龜」兩字。簡潔明亮的空間，不比城市中的大車站來得華麗，卻能讓等車的旅客，看見雲林平原的田野之美。

國片「候鳥來的季節」曾經替這個無人知曉的石龜小站打開了知名度與話題，吸引許多影迷及鐵道迷來訪。但隨著熱潮褪去多年，車站又恢復到了寧靜的風景。站在車站口，那一棵朝氣伸展的大樹下停著許多腳踏車，大樹彷彿是車站的站長，守護著車站，也守護著鄰近的石龜村居民上下學的通勤記憶。

傍晚時分，區間車進站了。許多下了班、放了學的乘客，如流水般散落在月台上，這是石龜車站最熱鬧的時候了。

INFO

台鐵車站編號 _ 3490
所屬路線 _ 縱貫線雲林段
位置 _ 雲林縣斗南鎮石龜里
站體型式 _ 平面車站
啟用日期 _ 1958.10.24
上行車站 _ 斗南車站
下行車站 _ 大林車站

周邊延伸景點

良作工場農業文創館、
古坑綠色隧道、蜜蜂故事館

拜訪小叮嚀

· 石龜車站僅停靠區間車，夏季是拜訪石龜車站的最佳季節。
· 台鐵部分車站的自動售票機上找不到石龜車站的按鈕，可親洽有人的售票櫃檯購票。

40

大林車站

My Darling！我最親愛的

把車票蓋上了證明章，
過了剪票口，映入眼簾的是整片木頭包圍的牆，
一抹柔和的光線落在牆面上，
木頭發出的溫暖，充滿了整個車站，
我最親愛的，我回來了！

大林糖廠 ●　　　　● 大林觀光草莓園
拾粹院鯖魚主題館 ●

大林老街 ★
大林臭豆腐 ★　　🚉 大林車站

小時候印象中的大林車站並非像現在是高架的車站，外觀也沒如此現代、新穎。所謂相見恨晚，這是車站改建後我第一次回來，眼前的風景是如此熟悉卻又陌生。

台鐵捷運化的政策下，老舊的大林車站必須汰新，在原有的水泥站房旁邊又斥資重金打造一座新的高架大林車站，並以環保永續為概念，融合現代的建築工法，讓大林車站成為台鐵第一座綠建築車站。

台鐵近年新建的車站多為鋼骨結構、清水模或是採用大量玻璃帷幕，充滿的是一種冰冷的現代感。但大林車站與我們傳統對新車站的印象大不相同，以水泥去建構，外觀以大量的木質材料包覆整個車站外觀，並搭配綠色的浪板屋頂，配色似樹木的色彩般和諧，看起來更像極了一棟小木屋一般，充滿著自然的原味。

建構了新的高架車站，但舊的平面水泥車站並沒有退出，台鐵把兩座車站用引道串聯在一起，彷彿兩座新舊車站的鵲橋般，讓兩座不同世代的車站譜出不同火花，充分地融合了新舊世代接替的感覺。

近年大林車站的英文發音 Darlin 類似英文的「Darling（寶貝）」，讓大林鎮長發起了運動，把大林打造成愛情小鎮。走入大林市區內可以看見許多以愛情為元素去打造的公園或裝置藝術，也吸引了許多新人紛紛跑來這裡拍攝婚紗。而台鐵大林車站也不落人後，發起了「大林 - 歸來」的紀念套票，讓一座小小的大林車站，瞬間充滿著不一樣的愛情氛圍。

INFO

台鐵車站編號 _ 4060
所屬路線 _ 縱貫線
位置 _ 嘉義縣大林鎮吉林里中山路 2 號
站體型式 _ 跨站式車站
啟用日期 _ 1903.12.15
上行車站 _ 石龜車站
下行車站 _ 民雄車站

周邊延伸景點

大林老街、大林糖廠、
拾粹院鯖魚主題館、大林觀光草莓園

大林老街 · 走進大林人的日常玄關

　　出了大林車站，車站前廣場即是大林老街，也是大林鎮最為熱鬧的地方。老街的外圍牆上由小朋友彩繪著一幅幅以大林為主題的火車畫作，繼續走入老街裡，磁磚鋪設的街道兩旁盡是喧嘩的店家，有水果店、飲料店、書局等等，說它是老街，我倒覺得比較像是古早在街道兩旁的流動市場，好不熱鬧。

老街位置 _ 嘉義縣大林鎮中山路

大林臭豆腐 ・ 車站外最誘人的香氣所在

才剛走出大林車站，一股獨特的香氣便撲鼻而來，這是大林車站前最受歡迎的大林臭豆腐名店，也或許是許多人到大林旅遊時所留下的第一個氣味印象。大林臭豆腐被譽為中南部最強的臭豆腐，接受過許多電視報章報導，是大林鎮上最有名的店家，許多人慕名而來品嚐這一塊塊炸得酥脆的臭豆腐。用餐時，大林居民發現外來的我們，熱情分享給我們一些秘密，像是要加一點特製的辣醬更對味，也偷偷說老老闆炸的比較酥脆好吃，讓人感受到可愛的人情味。

店家位置 _
嘉義縣大林鎮中山路 13 號

拜訪小叮嚀

・ 大林車站以區間車停靠為主，偶有對號列車會停靠。

・ 大林老街相當熱鬧，可作為飲食的中繼點。

41 南靖車站

在那些甜香牽引的日子裡

沿著北回歸線生長的甘蔗園，展開了一片青綠；
搖曳在八掌溪畔的甜根子草，妝點了米白色的秋天。
火車追著浮雲、在軌道前進，
當年錯過的風景線，我們終於在來時的路，又相遇。

當年手機網路資訊還不發達的年代,帶著一本旅遊書,盲目的跟著上頭的介紹來到了南靖車站。當時被書中撰寫的「南靖糖廠」冰品介紹給吸引,特別搭上了區間車,來到我從來沒有想過會來的「南靖車站」。

南靖車站平時僅停靠區間車,外觀看起來很像是一般的民房,相當樸實。雖不是純日式木造結構,但保有小車站的建築模式,古早雨簷和車站上方的採光小窗戶,南靖車站都保留下來。車站前的廣場整建成公園,種植著許多漂亮的雞蛋花,供附近居民休閒使用。因緊鄰省道的關係,南來北往的車流量相當可觀,但卻鮮少人停下腳步來這座車站走走,繁華也隨著糖業沒落走入了歷史中。

早年嘉義水上鄉相當繁榮,一個鄉更曾擁有三個車站。當時南靖車站曾有鐵路「南靖線」延伸出去,承載著南靖糖廠的運糖業務,如今南靖糖廠製糖工廠停壓,僅留下轉型的糖廠迎接搭乘火車前來遊玩的旅客。

INFO

台鐵車站編號 _ 4100
所屬路線 _ 縱貫線
位置 _ 嘉義縣水上鄉三鎮村 26 號
站體型式 _ 平面車站
啟用日期 _ 1911.03.20
上行車站 _ 水上車站
下行車站 _ 後壁車站

周邊延伸景點

小南海風景區、南靖糖廠、
北回歸線太陽館、
自行車道鹿草線

160

南靖糖廠 · 古早味五彩搖搖冰

　　二戰後初期，糖是台灣主要產業之一，也是台灣主要的輸出品。南靖糖廠前身為日治時期東洋製糖株式會社南靖製糖所，為早期的三大糖廠之一。搭火車至南靖車站，徒步不用 10 分鐘就到，交通方便。愛吃冰的我選擇了南靖糖廠的「搖搖冰」，最推薦的是五彩冰，單品只要25元而已，相當好吃消暑。

　　園區內大樹成蔭，很適合夏日拿著一碗冰在樹下品嚐。除了販賣部之外，南靖糖廠園區內更有台灣糖業文物館、花卉展售區、兒童休閒遊樂區等，後方園區更展示有舊式火車頭、退役戰車、戰機、甘蔗台車等等，別有一番懷舊風情。

糖廠位址 _ 嘉義縣水上鄉靖和村 1 號

拜訪小叮嚀

· 南靖車站僅停靠區間車。

· 南靖糖廠園區相當大,可以花時間慢慢逗留其中。

· 小南海鄰近台南白河地區,夏季可順道安排到白河區吃蓮子冰、賞荷花。

小南海風景區 · 看見最美的夏與荷

　　小南海風景區也稱為永安水庫，是由茄苳埤與將軍埤所組成，為防洪灌溉用之埤塘，內有一間普陀寺與小南海吊橋，尤其以小南海吊橋最為有特色。走上了小南海吊橋跨越了碧綠的水塘，水塘內的荷花朵朵盛開，是最佳的賞荷秘密景點。

　　我們找了個地方席地而坐，打開糖廠買的冰，一邊賞著荷花，一邊品嚐著手上枝仔冰甜甜的幸福滋味。來到普陀寺，寺內主祀神祇為觀世音菩薩，寺廟外觀擁有紅瓦白牆，顯得莊嚴肅穆，寺廟的景致與一旁的小南海美景相輔相成，形成一幅美麗畫面。置身在這種山明水秀的景色中，沒有太多的人潮吵雜，渡過了相當悠閒的夏日傍晚。

園區位置 _ 台南市白河區廣安里 37-1 號（小南海普陀寺）

163

42

後壁車站

無米樂的故鄉

凝縮的光影，寫下了日常，
可是日常中的無常，讓我們常常等不到天黑。

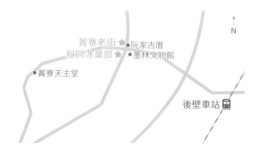

菁寮老街 ★・阮家古厝
和興冰菓部 ★・墨林文物館

・菁寮天主堂

N

後壁車站

列車上的廣播響起：「後壁站到了！」後壁舊稱「侯伯寮」，當地人以台語慣稱「後壁寮」，演變成現在的後壁。車站廣播的台語也是採用「au-piah」發音，意味著後面的意思。

後壁車站是台南市最北端的車站，刷上米白色的木造站房，掛著藍底白字的看板，東西北三面的迴廊以木柱來支撐，Y 形的木柱好像一整排的小衛兵一般可愛。從斑白的站房牆面上，不難解讀出車站的歷史。後壁車站位於嘉南平原之上，在早期南來北往之中是相當重要的交通樞紐。車站主體為日式四坡寄棟頂，並塗上白色外衣，屋頂上的水泥瓦奠定了後壁車站的歲月，看起來與林鳳營車站形似雙胞胎般。車站前方為省道，早前曾有從後壁車站延伸至關子嶺地區的軌道，但隨著時代變化，那條輕軌也就此拆除消失了。現為木造站房的後壁車站，更早期之前曾經歷過嘉義中埔大地震的洗禮，導致站房倒塌，目前所見的車站外觀，是在 1943 年所重建完工的。

隨著近年後壁區菁寮老街的觀光發展，車站前的面貌也有了一番新氣象。不僅多了許多店家，也多了慕名菁寮聚落而來的旅客，搭著區間車到此，轉騎腳踏車前往聚落，感受雙鐵的低碳農村旅遊。

INFO

台鐵車站編號 _ 4110
所屬路線 _ 縱貫線
位置 _ 台南市後壁區後壁里 77 號
站體型式 _ 木造車站
啟用日期 _ 1903.04.20
上行車站 _ 南靖車站
下行車站 _ 新營車站

周邊延伸景點

菁寮老街、菁寮天主堂、
墨林文物館、阮家古厝

車站外的小公園相當熱鬧，兩旁有自行車租借站，可在此租借腳踏車穿梭在平原之中。

 菁寮老街 ‧ 老宅的樸實光陰

　　來到菁寮老街，仿古的街燈，一支、兩支接棒延伸進入村落的深處，古老的房子斑白而沉靜地矗立在道路兩旁。平日的老街沒有太多人潮吵雜，充滿濃濃的台灣早期農村氣氛。後壁座落在嘉南平原之上，有米的故鄉之稱。菁寮因處南來北往交通必經之處，早期曾經繁華一時，但在時代變遷下，菁寮再度走入了寧靜，默默存在這嘉南平原上。近年因紀錄片「無米樂」記錄了菁寮的故事，讓更多人知道菁寮老街的故事，一部紀錄片也因此改變了這條老街的命運。

　　走入菁寮老街，隨處可見古厝、古宅、老商家等等，大多都保存得相當良好。因為紀錄片的關係，許多人潮開始湧入老街之內，而老街內的許多老屋也經過社區形象的改造，闢建成了文物展示館、地方故事館等主題博物館，讓更多旅人前來菁寮時，能夠更了解「無米樂」之鄉的故事。對於喜歡看老宅與古蹟的朋友，菁寮老街是不容錯過的好地方。

老街位置 _ 台南市後壁區菁寮老街

和興冰菓部 · 都市中吃不到的傳統冰品

菁寮老街入口處的和興冰菓部傳承七十多年來的老味道，尤其「芭蕉冰」都市相當少見、也是農村相當經典的消暑聖品。店內環境以蒂芬妮藍的木製桌椅陳設，特別的是製冰區用了一個圓形拱門區隔開，門外則是用相當傳統可愛的屏風遮擋內部用餐的客人，讓人彷彿置身在老電影的場景中吃冰。

老闆娘送冰來時，也遞上了一盒梅子粉。可將芭蕉冰灑上梅子粉吃，如果吃不習慣，也可以將芭蕉冰放到冬瓜茶裡變成冬瓜冰淇淋，不同搭配有不同的風味。我也用舌尖記憶下了這家冰菓部。

店家位置 _ 台南市後壁區菁寮里 46 號

拜訪小叮嚀

· 後壁車站僅停靠區間車。

43

林鳳營車站

賞味期限沒有永遠？

打開電視，牛奶廣告中那一句「濃醇香」，
是我對「林鳳營」這三個字的第一印象。
很多人或許跟我一樣，單純以為那只是一個牛奶的品牌，
但其實台灣真的有個地方稱為林鳳營，
並設有一座「林鳳營車站」。

　　建造於 1933 年的「林鳳營車站」，是一座相當傳統的日式建築車站。木造站體刷上了乳白色的漆，雖然有些剝落，但剝落的區塊就好像是乳牛的花紋，呼應了我印象中的廣告意象。

　　搭上區間車來到林鳳營車站，走進車站大廳，候車室中的木條長椅，有著時光流逝的痕跡；這裡雖然擁有復古的站房，可大廳內天花板卻是相當現代化的模組。由於停靠林鳳營的區間班次不多，常利用此車站的乘客已經將時刻表烙印在腦海中，只有在列車進站前，才能見到一些附近居民，騎著摩托車、腳踏車悠悠哉哉來搭火車的景象。其他時間的林鳳營車站，氣氛就像是周邊的田園風景，恬適寧靜。

走出車站，站前廣場有一棵大樹，樹下老伯們聚集一起下象棋，有的則是打著盹。往車站前最突出的建築走去，一間透天厝外頭的廣告看板上披滿了炮仗花，手寫的傳統招牌讓人不難看出這家商店的歷史。好奇走了進去，雖然是小小一間雜貨店，卻販售著琳瑯滿目的商品。打開冰箱拿了一瓶飲料，卻不見著老闆，突然大樹下那端傳來呼喊：「少年仔，如果你要買飲料，價錢都在上面，就隨意把錢放在那邊桌上吧！」

對於阿伯的豁達我感到很吃驚，寧可繼續下棋也不顧雜貨店，都不擔心我是否會少給錢。把錢放在桌上後，我繞到榕樹下知會老闆錢已放桌上了。老闆只對我笑了笑後，繼續下著他的棋。

大樹環抱著人情味，也環抱著老伯們的愜意時光。而鄉下人對於「人性」這件總是以最信任的角度出發，我在想，台灣還能有幾個車站能夠像林鳳營車站般，擁有如此愜意的時光。

INFO

台鐵車站編號 _ 4140
所屬路線 _ 縱貫線
位置 _ 台南市六甲區中社里林鳳營 16 號
站體型式 _ 木造車站
啟用日期 _ 1901.12.16
上行車站 _ 柳營車站
下行車站 _ 隆田車站

周邊延伸景點

德元埤荷蘭村、林鳳營牧場、
烏山頭水庫風景區

德元埤荷蘭村 · 小孩堤防的經典即視感

　　德元埤荷蘭村結合了周圍的埤塘及濕地生態環境，以荷蘭農村風格為主題，打造成適合休閒遊憩的生態休閒園區，並規劃了露營區、烤肉區、生態池及放牧區等設施。走入德元埤，許多騎乘自行車的旅客點綴其中，放眼望去，閑靜的田園景致與大片綠地公園，讓人身心舒暢。

　　園區中最大的亮點，為從荷蘭海運來的純風力運轉「VAGGS 荷蘭風車」。紅色的外觀搭配上黑色的巨大扇葉，緩緩轉動著，美景當前讓許多遊客紛紛拿起攝影器材與它爭相合照。園區內的荷蘭田園淳樸韻味，讓人不用出國也可以享受到濃厚的異國氣氛。

園區位址 _
台南市柳營區神農里 7 鄰新厝 100 號

拜訪小叮嚀

· 林鳳營車站僅停靠區間車。

· 林鳳營牧場距離林鳳營車站有段距離，建議開車前往。

· 德元埤荷蘭村需以開車或機車代步才能前往，夏天水邊蚊蟲多，小心防蚊。

44

隆田車站

走在心田裡的石子路

初次從莒光號車窗上看見隆田車站的樣貌，就深深被吸引。
數年後，站在當年同樣角度的月台上眺望隆田車站，
斜面的屋頂、混凝土的外牆，日式建築風情的車站站體，
依然是令人著迷。

　　台南「官田」是政府過去請佃農來耕種，後逐漸形成的聚落。也因為以菱角種植為主要產業，而有「菱角的故鄉」之稱。雖然官田區主要的行政中心，像官田區公所、農會等等都在車站附近，但車站卻不以官田為名，而是以「隆田」稱之。

　　隆田車站過去是台糖五分車的終點，也是官田地區穀物轉乘的重要樞紐。戰後曾改建過，五十多年過去了，依舊保持原有的樣子。即便其他縣市的車站大多已經有連鎖便利超商進駐，但隆田車站依然保有別的車站已經找不到的「民營販賣部」，搭配車站內的場景，令人感到懷舊。台灣已經相當少有類似背景的車站了。

　　隆田車站除了隆田酒廠外，並沒有觀光景點能夠吸引遊客前來，平時的旅客並不多。但除了官田區居民會利用此車站外，周邊的麻豆區、佳里區也將隆田車站當作主要出入的門戶。

INFO

台鐵車站編號 _ 4150
所屬路線 _ 縱貫線
位置 _ 台南市官田區隆田里中山路一段 1 號
站體型式 _ 平面車站
啟用日期 _ 1902.04.20
上行車站 _ 林鳳營車站
下行車站 _ 拔林車站

周邊延伸景點

葫蘆埤風景區、隆田酒廠、走馬瀨農場、
玉井老街、曾文水庫風景區、
楠西風景區

隆田酒廠 · 一口紹興酒蛋口飄香

　　走進隆田酒廠，處處可見「酒甕」的裝飾品。園區內還有許多展區可參觀，讓人認識了酒類釀造、種類的相關知識。跟著館方規劃的動線參觀，辦公室前的噴水池有幾隻梅花鹿石像相當吸引目光，牠們正是隆田酒廠的特色地標。

　　水池左方是辦公大樓、右邊則是展覽銷售中心，旅客可自由參觀隆田酒廠的儲酒槽和釀造中心，最後再到展售中心內選購酒廠產出的商品。其中酒廠所釀造的「酒蛋」是招牌，紹興酒味相當濃郁，更讓許多人慕名前來購買。

酒廠地址 _
台南市官田區中華路一段 335 號

拜訪小叮嚀

・ 隆田酒廠距離隆田車站走路約 15 分鐘，建議可先洽詢車站站務人員詳細的路線，再前往酒廠參觀。

45

保安車站

—— 祈求一個永保安康

一個巧妙的組合，串連了車站與車站的故事；
一份祈求的心願，連結了人與人之間的感情。

十鼓仁糖文創園區 ★
台南都會公園 ●
奇美博物館 ●
●黃金海岸休憩區
🚉 保安車站

↑
N

台灣現存的木造車站不多，除了有海線五寶之稱的「談文、大山、新埔、日南及追分」外，保安車站算是眾多木造車站中最經典的一個。水泥色的島式月台與軌道相隔，對面就是保安車站，不過這座木造站房，卻被漆上了紫色。

「永保安康」車票即為永康車站至保安車站的車票，因為一句簡單的祝福話語，將兩站的站名在車票上形成巧妙的結合。而保安車站位於台南仁德區的「保安村」，當初取名保安，並不是特別為了迎合大家熟悉的「永保安康」車票而衍生。西元 1909 年，為配合車路墘製糖所（今仁德虎山糖廠）運輸的需要，由原始的保安車站北遷至現在的位址。保安車站目前被台南訂定為直轄市定古蹟，而舊站位址則因台鐵捷運化的需求，新建了「仁德車站」。

莞爾的保安車站，過去曾是附近嘉南藥理大學學生主要的通勤車站。隨著周邊景點陸續開發，奇美博物館、十鼓仁糖文創園區相繼開幕，許多遊客搭乘區間車而來，也讓原本平靜的木造小車站，帶來了熱鬧的觀光人潮。有機會到保安一遊，記得買上幾張車票紀念，把這些充滿祝福感與時光感的厚卡紙版車票，傳遞給你最愛的朋友吧！

INFO

台鐵車站編號 _ 4250
所屬路線 _ 縱貫線
位置 _ 台南市仁德區保安里文賢路一段 529 巷 10 號
站體型式 _ 木造車站
啟用日期 _ 1900.11.29
上行車站 _ 台南車站
下行車站 _ 仁德車站

周邊延伸景點

十鼓仁糖文創園區、奇美博物館、
台南都會公園、黃金海岸休憩區

178

十鼓仁糖文創園區 · 用鼓聲延續糖廠歷史線

充滿時光重量的老糖廠前身為「車路墘製糖所」，於西元 1909 年由日資「臺灣製糖株式會社」創立，隔年開工生產。隨著時代改變，糖業雖然停產，但那些糖業設備依然完整保留，彷彿製糖的溫度不曾在此離開過。

在十鼓文創公司接棒後，將園區中 22 座日治時代所建築的舊倉庫重新規劃、整理、活化，不僅大量保留糖廠的原始風貌，並引入了太鼓表演、餐廳和許多極限遊樂設施，成為亞洲第一座「鼓樂主題國際藝術村」，更讓原本閒置的糖廠園區，成為南台南的觀光熱點。結合周邊的黃金海岸、奇美博物館，躍升為深受年輕人喜愛的新場域。

園區位置 _
台南市仁德區文華路二段 326 號

拜訪小叮嚀

· 保安車站僅停靠區間車。

· 欲購買紀念款永保安康車票的朋友，請洽詢售票櫃檯，自動售票機並無販售紀念款厚卡車票。車票每逢 1 月 1 日、10 月 10 日等特殊日子購買，會更有紀念價值。

46 集集車站 ｜ 重生後的浪漫血液

搭上了開往終點「車埕」的柴油客車，
八卦山下的香蕉園，搖曳著碧綠的風景。
成批的自行車好手，疾駛在綠色隧道之中，
他們揮灑著熱情與汗水，對坐在火車裡頭的我揮了揮手。
集集線列車，總是那樣給人愜意、悠閒且浪漫的感覺。

集集線鐵路是南投縣唯一的對外鐵路，也是台灣目前三大以觀光為出發點的熱門鐵路旅遊支線其中之一。起初興建原因與上游的日月潭水力發電有關，目的是為了運輸發電機組進入。全線從二水車站為分界點，沿著濁水溪而上，為台鐵目前最長的鐵路支線。沿途設置許多車站，集集車站和水里車站則為最大通勤車站，集集車站也是全線最著名的一座車站。

1922 年設立的集集車站，在 1999 年 9 月 21 日發生的大地震中車站嚴重損壞，經過長時間的重建、整修，現在才又重新啟用開放。以純檜木建材打造的集集車站漆著蒂芬妮顏色的天花板，掛上了溫暖光芒的吊燈，點亮了時光。

通車超過七十幾年的集集車站，雖曾歷經地震無情摧殘，但它確確實實又勇敢堅強地撐起來了。更搭配了許多主題觀光列車，帶領集集線進入鐵道的新紀元，成為南投地區的熱門旅遊路線。

INFO

台鐵車站編號 _ 3434
所屬路線 _ 集集線
位置 _ 南投縣集集鎮民生路 75 號
站體型式 _ 木造車站
啟用日期 _ 1922.01.14
上行車站 _ 龍泉車站（集）
下行車站 _ 水里車站（集）

周邊延伸景點

集集遊客中心、綠色隧道、
牛稠坑風景區、柳家梅園

忘憂森林· 心靈昇華的忘憂力量

忘憂森林隱身在南投的溪頭森林遊樂區，過了 12 生肖的豬灣，即可看到沿路商家寫著忘憂森林的看板。我們搭乘著接駁車上山，走進忘憂森林，映入眼前的景象讓人震撼，一整排的枯朽巨木營造出一種寂寞的氣氛，陣陣白霧不管陽光的照射，緩緩飄進壟罩其中，讓人不禁懷疑這景色真的是台灣嗎？

景點位置 _
南投縣竹山鎮溪山路 3 之 3 號（大略）

忘憂森林是地震後所形成的堰塞湖，雖然有湖水，但湖泊內卻沒有原生魚類。冬天因雨水少是忘憂森林最乾涸的時候，呈現出另一種孤寂的美。夏天的湖水比較多，水波幻影下的淒美更讓人憧憬不已。有人說，這裡是暮光之城的場景，我相當認同。

拜訪小叮嚀

· 集集車站內販售各站的卡式車票供收藏留念，目前列車營運至彰化及台中地區為主。

· 信義鄉梅花季時上山的道路皆為單行道，請注意交通管制訊息。

· 拜訪忘憂森林步行約 30 分鐘至 1 小時，趕時間的朋友可搭接駁車上山。建議可以挑選在清晨上山，中午過後忘憂森林起霧的機率相當大。

柳家梅園 · 季節限定的雪白梅景

梅花梅花幾月開？越冷越開花的梅花，屬南投信義鄉最為有名，更有梅子故鄉之稱。一月來到此，會發現山頭被梅花染上一片雪白，彷彿下了一場大雪，美極了！主要賞梅區有牛稠坑、風櫃斗和烏松崙，而柳家梅園位於南投縣信義鄉牛稠坑，梅子栽培沿自日治時代，品質產量冠全台，橫跨一百多年歷史。每年梅花盛開與梅子成熟時，就是信義鄉最熱鬧的時候。

整理過的園區，打造成可席地而坐的場域，讓許多旅客能在梅花樹下野餐、休息聊天、拍照，彷彿置身在日本的某個小公園裡。那頭上的梅花，盛開著雪白，當一陣風颳過，更颳起了一陣白雪。由於梅花的花期很短，通常一月中旬過後，梅花也逐漸凋零結果、冒新芽，如果又遇到大雨，花又會更加的快速凋零，一年僅有短短的幾天可以碰到這梅花雪的盛況。想前往的朋友，記得隨時關切信義鄉公所網站上的活動訊息，才不會又錯過了。

園區地址 _
南投縣信義鄉自強村陽和巷 87 號

47

車埕車站

——我們終點站，見

在時間一直前進的同時，我們也是在倒數著生命。
或許，遺憾會改變我們的想法，
但卻不能改變我們對於世界的美好憧憬與想像。
而別人說的終點，也是自己的起點。

日月潭

車埕酒莊 ★
↑
N

車埕聚落 ★ 🚉車埕車站
●林班道鐵路園區

●水里老街
●水里蛇窯

● 溪頭森林遊樂區

集集線行經名間、集集，來到了水里。
集集線在水里設有兩座車站，分別為「水
里車站」及「車埕車站」，而全線的終點
站則落在水里的「車埕聚落」，並在此設
立「車埕車站」。列車行駛至終點站後，
便會折返回二水車站，讓車埕車站有了
「最後的火車站」之稱。

　　早期車埕車站有條糖廠支線沿著山路進
入到日月潭後抵達埔里糖廠；車埕的「埕」
在台灣的閩南語中表示「場」的意思，集
集線當時主要以運送蔗糖並兼營客運，因
有放置許多輕便車輛，故得名「車埕」。
車站在 921 大地震當時受到損毀，後在
2001 年重建完成，並在 2008 年重新營
運。震後，車埕也被納入日月潭國家風景
區管理處的管理範圍內，以鐵道、電力、
木業、社造為觀光發展方向。但車埕車站
命運坎坷，2013 年初，附近的古蹟和檜
木屋共 35 間遭受到大火的祝融，幾乎全
毀，相當可惜！

　　當小火車沿著鐵路緩緩進入無人管制的
車埕小站，許多旅客興奮的在月台上與火
車合照。大樹後方的木房為車埕車站，它
悄悄地隱身在這山谷中；在 921 之前，
舊火車站原為鋼筋水泥結構，地震損毀之
後，以木質材料為主要外觀重建，才得以
有現在的車埕車站。車站也與周邊的車埕
聚落環境做結合，並以「木業」及「鐵道」
為文化重點推廣，轉型為活聚落，是一處
具有觀光與知性旅遊的車站，更是集集鐵
路支線中最熱門的觀光景點。

INFO

台鐵車站編號 _ 3436
所屬路線 _ 集集線
位置 _ 南投縣水里鄉車埕村民權巷 2 號
站體型式 _ 平面車站
啟用日期 _ 1922.01.14
上行車站 _ 水里車站（集）

周邊延伸景點

溪頭森林遊樂區、林班道鐵路園區、
日月潭、水里老街、水里蛇窯

車埕酒莊 · 山城裡的梅酒香

　　「梅」為水里鄉的特產，而在車埕、新興地區所生產的梅品更是聞名四方。每年的一月間，梅花盛開，令人流連忘返，四月則是採梅季節，吸引許多遊客前來採梅 DIY 製作梅品，且系列產品琳瑯滿目，如梅干、梅酒、梅醋、梅醬、梅子麵、梅子醬油、梅酒香腸、梅酒冰棒等，深受海內外人士喜愛，是相當具有地方特色的伴手禮。車埕地區亦生產高品質的國蘭，行銷海內外，深受愛蘭人士喜愛，另外竹筍產品也享有盛名，是車埕的另一項農特產品。

酒莊地址 _
南投縣水里鄉民權巷 118 號

車埕聚落 ・ 木業紋理堆疊而起的山中之城

　　車埕聚落位於明潭壩頂下方，最初因興建大觀發電廠及木業集散地，興起於日治時期，在當時是一個熱鬧非凡的小山城，更一度被稱為「小台北」。過去埔里糖廠會以「台車運送」的方式將糖運載到車埕車站，接著藉由集集線鐵路把糖送出去，聚落全盛時期就有多達百餘輛的輕便車集中於此地，逐漸發展成山中的熱鬧聚落。爾後在日據時期更成了伐木加工業的重鎮，車站周邊的水池，是早期林業所使用的儲木池，現今已經變成美麗的小水潭，呼應著水里的山與水。

林班道體驗工廠地址 _
南投縣水里鄉車埕村民權巷 101-5 號

拜訪小叮嚀

· 林班道體驗工廠需另外付費預約報名。

48

泰安車站

春風吹來的粉紅冀望

我們總是在生活中期望著自己能夠帶給別人精彩，
卻忘了該如何把最精采的部分留給自己。

勝興車站

舊山線鐵道
自行車

N

中社花市

泰安車站

泰安舊車站
泰安鐵道文化園區

泰安派出所
后里泰安魅力商圈

　　暖陽高掛，氣溫逐漸攀升，轉眼又來到了一年之春。跟著區間列車御風而行，越過溪畔上的鐵橋，穿過開鑿青山的隧道，追隨春神的腳步來到了泰安車站。風催趕著列車趕緊離站，我站在這黯淡的水泥色上，阡陌縱橫的水田邊灑落了一地的農舍，連結村落的電線描繪了黑邊，幾隻飛鳥越過遠方的火炎山稜上，春天纏綿著濛濛雲霧，眼前的風景靜謐地呈現。在熙來攘往的山線鐵路中，泰安車站是個自私鬼，它獨自佔有了這一大片寧靜，但卻願意把它最私藏的風景與來這裡拜訪的旅人們分享。

　　泰安車站擁有位於五樓的超高月台，上頭看出去的視野可囊括大安溪兩岸的風景，是台鐵舊山線廢除後所新建的車站。因為月台高聳、車站周邊大多為平原，風勢特別強勁，因此月台上還特別設立了候車室與防止旅客墜落的欄杆。而泰安舊車站位於新站不遠處，新舊兩站見證了鐵路時代的變遷，有著不同的面貌與風情待旅人探索。

「4點過後無人售票，請自行找列車長補票。」看板宣揚著4點過後的車站即將唱起空城計，幾個字顯示著泰安車站的小任性。連一旁的電梯也在4點準時下班，逼著人走這五層樓高的階梯，這實在有些不守本分。我一邊抱怨著，一邊看著這人去樓空的泰安車站，空曠的空間只剩下我的身影，連一點呢喃都有回音答覆著自己。遊走在泰安車站的內外，它所豢養的寂靜總在4點站務員下班後，又跑出來作祟。

泰安車站平時旅運量不多，站務員大多駐守到下午4點左右就會下班離站，僅留下大門深鎖的售票口。雖然是新站，但卻未設置自動售票機，因此需要旅客上車後自行找列車長補票，這點是唯一美中不足的地方。

來到泰安車站，腳步不必太快，因為這裡沒什麼要追趕的，只要靜下來欣賞這一片為你鋪設的風景，聽著風的呢喃，你可以想起很多事情，在月台上沉靜之時，將不再迷惘。

INFO

台鐵車站編號 _ 3210
所屬路線 _ 台中線
位置 _
台中市后里區泰安里安眉路 37-12 號
站體型式 _ 高架車站
啟用日期 _ 1998.09.24
上行車站 _ 三義車站
下行車站 _ 后里車站

周邊延伸景點

后里泰安魅力商圈、泰安舊車站、
勝興車站、舊山線、泰安派出所、
中社花市

舊山線鐵道自行車 · 穿越舊隧道去旅行

　　舊山線廢除後，在保留歷史建築的意識與觀念抬頭下，舊山線的車站和沿線鐵道並未接續被拆除，近年來成功轉型為觀光鐵道，一直是三義著名的景點。不過由於開設蒸氣火車成本過高、效益也逐年下降，近年苗栗縣政府便把鐵道重新規劃成「舊山線鐵道自行車」，停駛蒸汽火車，讓旅客可以騎乘鐵道自行車重新以不同的視角去體驗了解舊山線，更是台灣第一條鐵道自行車路線。

　　舊山線鐵道自行車分為三條路線。三條路線中，最受歡迎、風景也最美的就是「C路線」，從龍騰站出發後，一路到六號隧道，可以欣賞到龍騰斷橋與被封為秘境的「內社川橋」。由於每條路線都需要事先上網預約購票，並在指定時間前往報到搭乘，如果是忘記預約、或者是現場臨時起意想騎乘，除了只能後補外，就是靠運氣了。

搭乘位置 _
勝興站：苗栗縣三義鄉勝興村 14 鄰勝興 88 號
龍騰站：苗栗縣三義鄉龍騰村 4 鄰外庄 20-2 號

泰安鐵道文化園區 · 老車站的古刻時光

泰安舊車站的外觀相當不起眼，帶有鵝黃色的外觀是洗石子的外牆，窗框與木門刻意漆上了蒂芬妮色，視覺上卻一點也不違和。走入車站大廳，手寫的時刻表、古刻售票口，當時舊山線的痕跡依然附著在牆面上，尤其是大廳內的牆面馬賽克磁磚，更帶有早期台灣的復古風味。泰安舊車站設立於 1910 年，在新山線開通後，舊山線就一直擱置於此。近年旅遊型態的轉變，舊車站開始燃起了新希望，逐漸轉型走向觀光，台鐵也在這波潮流下讓舊山線復駛觀光列車，重新帶動了周邊老街的繁華，也讓人潮再度回到了停駛多年的泰安舊車站。

園區地址 _
台中市后里區福興路 52 號

泰安派出所 · 趕上春櫻盛開的紛飛饗宴

春季期間來到了泰安派出所，一整排的緋紅櫻花盛開，簇擁著泰安派出所，彷彿是派出所的護衛兵，用一陣陣粉紅花瓣迎接著每個到來的旅人。泰安派出所位於泰安舊車站附近，每年春天之際派出所旁的六十多棵山櫻花與吉野櫻怒放，吸引了大批人潮前來觀賞這片櫻吹雪，儼然變成了賞櫻勝地。近年櫻花林道下更加裝了燈光照明，可在晚上賞夜櫻，感受不同的浪漫氣氛。

賞花位址 _
台中市后里區安眉路 27 號

拜訪小叮嚀

· 泰安車站僅停靠區間車，4 點過後請自行向列車長補票。
· 泰安車站步行至泰安派出所約 15 分鐘，櫻花季期間有加開接駁公車。

49

追分車站

分開旅行後的時間總和

軌道在竹南車站分道揚鑣,又在追分車站會合。
而愛情的長跑是否能夠像旅行一樣,
走得再遠還是會回到同一個人的懷抱?
在時間的總和後,才讓人了解了什麼叫做永遠。

　　來到追分車站，它以檜木搭建的可愛站體吸引了眾多旅人的目光，台灣雖然有許多木造車站，但很少看見如此完整的木造車站。追分車站設立距今約有 90 年左右的歷史，在完妥的保護和修繕下，站體外觀保有相當完好的原木色澤，是台灣少數受完善保存的復古車站。

　　目前其列為台中市市定古蹟，僅停靠區間車的小站，因販售「追分－成功」的車票享譽台灣，更是目前台鐵百站中少數有「人味」的車站。「追分」名稱由來是以日語「おいわけ（Oiwake）」漢字命名而來，意為「分岐路」。　追分車站為海線南下的終點站，走成追線銜接往成功車站，接續往台中的山線；往南則是銜接往彰化的縱貫線。追分位置巧妙座落在縱貫鐵路的海線、山線、成追線所形成的三角頂點，每輛列車行經於台灣唯一的三角線鐵路後，就得分手前往自己所屬的路線前進。追分車站入口處的兩側貼有手寫的紅色對聯，站內也掛置人量的書法作品、春聯，空間佈置上讓人感到相當溫馨。

穿過了驗票口，追分車站內隱藏著小小的許願池；因為沒有跨站天橋及地下道的建設，列車又主要停靠在第二月台區，必須在站務人員引領下快速穿越鐵路上第二月台候車，是相當特別的進站體驗。

台灣是個熱愛考試的國家，每當考季來臨，考生們為求得一個好成績，總會想得到些護身符來祈求考試順利，這已經成為一股熱潮。有趣的是，在日本也有多個因為路線相似緣故而命名為「追分」的車站存在，但「追分－成功」卻是台灣獨一無二的特有紀念。拜訪追分車站，不妨購買一張「追分－成功」的復古式厚卡車票帶在身上，祈求萬事成功、事事順心。

INFO

台鐵車站編號 _ 2260
所屬路線 _ 海岸線、成追線
位置 _ 台中市大肚區王田里追分街 13 號
站體型式 _ 木造車站
啟用日期 _ 1922.10.11
上行車站 _ 大肚車站（海）
下行車站 _ 追分車站（海）、彰化車站

周邊延伸景點

彩虹眷村、東海大學、望高寮風景區

198

彩虹眷村 · 彩虹擁抱的春安路 56 巷

　　說起老村落彩繪，台灣各地如左營自助新村、新竹竹東軟橋社區等等，都是透過彩繪來改造、活絡村落間的面貌，藉此吸引人潮，帶來觀光收益。但最原始、也是最經典的彩繪眷村，則非台中市南屯區的彩虹眷村莫屬。

　　聞名全台的「彩虹眷村」距離追分車站不遠，眷村內的彩繪作品都是出自於「黃永阜」爺爺之手。爺爺在 50 公尺長的眷村巷弄中，自掏腰包購買顏料及油漆，以繽紛配色及鮮豔飽滿的色彩組合，繪上各種爺爺幻想出來的動物、人像等等。雖然看不懂爺爺的設計理念，卻帶給人一種歡樂的心情，讓整個眷村都活潑熱鬧了起來。

景點位置 _
台中市南屯區春安路 56 巷
（嶺東科大附近）

學校地址 _
台中市西屯區台中港路三段 181 號

東海大學 ‧ 沐浴浪漫的路思義教堂

　　路思義教堂隱身在東海大學的正中心，是台灣二次大戰後現代代表性的建築，一直是台中的象徵性地標。以三角形作為信仰建築的象徵，並且以 8 萬塊黃色磁磚拼貼成的屋面外觀，在校園的綠地藍天襯托下相當醒目。特殊的建築外觀吸引了許多情人席地而坐在草地上拍照，也有許多婚紗業者前來取景拍攝，透過影像把路思義教堂營造出相當浪漫的氣氛。走在教堂內，由下往上延伸的三角屋頂，有點像是置身在倒置的船底，大大降低了視覺的壓迫感，有一線天的感覺。

拜訪小叮嚀

‧ 追分車站僅停靠區間車。

‧ 來到追分車站除了購買紀念車票之外，站方也提供相當多樣化的紀念章供遊客蓋章紀念。

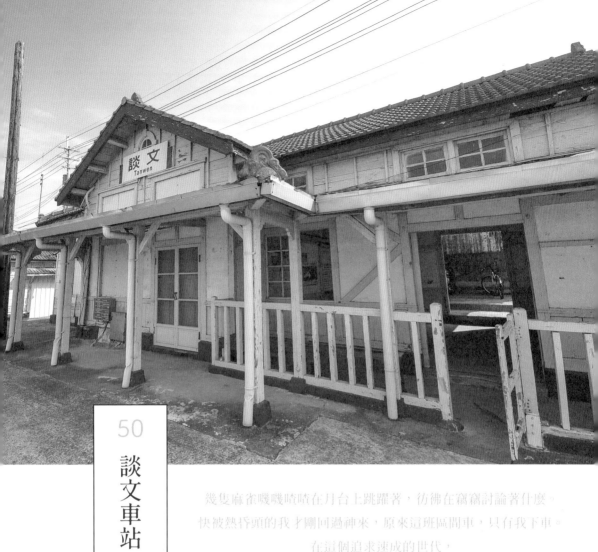

50

談文車站

被遺忘也是一種靜好

幾隻麻雀嘰嘰喳喳在月台上跳躍著，彷彿在竊竊討論著什麼。
快被熱昏頭的我才剛回過神來，原來這班區間車，只有我下車。
在這個追求速成的世代，
若覺得生活煎熬，那麼日子也會過得煎熬；
若坦然，日子相對過得也坦然。
一切無關其他，只在於自己的心境。

↑
N

🚉 竹南車站

🚉 談文車站

🚉 大山車站

從台北搭乘區間車南下到了竹南車站，藍天白雲一路躲在我的口袋裡跟著我旅行。抵達竹南車站，換上前往海線的區間列車，風景才從車窗映入眼廉，「談文站到了！」的廣播聲隨即響起。

窗外的艷陽高照，讓習慣生活在冷氣房裡的我很不想離開列車上的涼爽冷氣。下了車，表現出依依不捨的臉，看著區間列車緩緩離開談文站而去。苗栗晴朗的藍天，熾熱太陽高掛著，在熱情照耀下額頭生成了幾顆小汗珠，「好熱啊！」是我在談文車站脫口而出的第一句話。

談文車站早期稱為「談文湖驛」，是山海線在竹南車站分手後的第一站，距離熱鬧的竹南市區並不遠。他的名字聽起來像是個相當斯文、親切的大男孩，而這名字正如他的外觀一樣，相當低調、自然。

談文車站裡沒有太多的現代建築，唯有一座綠色遮雨棚天橋連接著唯一的島式月台。我站在車站內的天橋上，望向遠方風景，通往出口的地方 90 多年來不變，而後站那條筆直的道路，兩旁散落著幾棟的小矮房；整片收割得參差不齊的稻田已經泛黃，彷彿還看得到農夫辛勤收成所留下的喜悅。我幻想著稻米成熟時，這片稻海隨風搖曳的樣子，一定很美。來到談文車站，沒有什麼震撼的景致，唯有農村的風光，用樸實形容最貼切。

走進車站大廳，裁撤後的談文車站已經無人管制售票，閉門深鎖的售票窗口彷彿還聽得見早期售票員的呢喃。海線鐵路中，談文是僅存的日本時代木造車站之一。經過時間的洗禮，牛眼窗跟矩形氣窗的面容斑駁，水泥色廊下牆面長出了幾株小草，黑色屋瓦斜面屋頂附著淡淡的青苔，當陽光照耀在米字形樑柱上，發出相當溫暖的色調，好像時光沒有變動一般，90 多年如一日地保持著 1922 年興建時的模樣，散發出濃厚的日式風情。唯有那幾條外露的黑色電線，是車站上最無言的衝突。

沿著斜坡爬上，才發現談文車站與一旁的省道相比，整整有一層樓高的落差，若是開車經過沒有看見談文車站四字的招牌，還真的很容易就與談文擦肩而過。老實說，談文給我一種「你沒有發現我也沒關係，我就是想靜靜地與世無爭」的感覺。整個車站內空盪盪的毫無人煙，回到候車室，等候下一班區間車到來。意外發現，透過候車室的木框窗口，車站像是畫框中的畫作，隨著日照角度不同，發出的光影之美，宛如一幅會動的畫作般，秘密地收藏在候車室中。來到談文車站，過去的故事像是微電影，靜靜上演著細節，上演一種與世無爭的世界。

INFO

台鐵車站編號 _ 2110

所屬路線 _ 海岸線

位置 _ 苗栗縣造橋鄉談文村仁愛路 29 號

站體型式 _ 木造車站

啟用日期 _ 1922 年 10 月 11 日

上行車站 _ 竹南車站

下行車站 _ 大山車站（海）

拜訪小叮嚀

· 談文車站僅停靠區間車，約 1 小時一個班次。

· 談文車站位於縱貫線南下海線的第一站，搭乘區間車前往的朋友，上車前記得先確認自己所搭乘的是「山線」或是「海線」列車。

51

白沙屯車站

盲旅的路，觸發複雜感觸

17 歲那年暑假尾聲，與朋友三人第一次搭著火車去遠方旅行。

當時丟骰子決定地點，骰到了「白沙屯」，

這個我們人生中不曾想過的地方。

既然命運替我們決定了，那就買張車票出發吧！

好望角

↑
N

白沙屯拱天宮媽祖廟

白沙屯車站

台鹽通霄精鹽廠

山海秘境

搭著莒光號，來到了白沙屯車站。還沒看到海，便嗅到了海水的味道。我們興奮地闖進了無名小徑，小徑的兩旁開滿了豔紅的扶桑花，順手摘了一朵戴在頭上，戴上了屬於夏天的色彩，往海邊前進。最後，遇見了一排巨大風車，海岸線上陣陣浪花拍打著，米色沙灘留下了我們的腳印。我還記得，那天晴空萬里，汗水排滿了額頭。當時網路並不發達，甚至還沒有智慧型手機，我們的一場盲旅，留下了難忘的印象。

24歲的冬至，我搭上了同一班莒光號、同樣的午後，從台北南下。當廣播聲響起「白沙屯到了」，這提醒著我，隔了一個七年，我才回到了白沙屯車站。下了車，月台上的風景沒有太多的改變，熟悉的海風鹹味撲鼻而來，如舊的光景，不過這次剩我一個人。離開了車站，我依循著記憶的小徑步行到海邊。舊名「白沙墩」的白沙屯，是一個由風沙堆積成的聚落。冬天的海風無情的吹，不知道七年來又吹起了幾座沙丘？ 但季節交換了白沙屯的面貌，我記憶中的小徑，兩旁滿開的扶桑花已不復在，海岸邊灰濛濛的，風車也似乎多了幾支。

31歲的夏季，第三次重返白沙屯車站，小徑的扶桑花滿開，季節又交替回我記憶中的景色。不停盛開的花朵，就像我現在的心，是熱的。在這樣的景色之中，我想起了：「人道海水深，不抵相思半；海水尚有涯，相思渺無畔」這句話。兩個七年的旅途，不管是好的、壞的，在失去與糾結間，留下了最燦爛的時刻，完成了執著。

前來的一個多小時車程中，我在搖晃的車上寫著明信片，寫上了數段對朋友的思念話語。字跡雖然潦草，卻是我旅行中最真實的手感溫度。同樣在白沙屯車站前的郵局投下了明信片，希望它們能夠把十四年前旅行的回憶，重現給當年曾經熱烈的摯友。

白沙屯車站 Baishatun Station

INFO

台鐵車站編號 _ 2150
所屬路線 _ 海岸線
位置 _ 苗栗縣通霄鎮白西里 131 號
站體型式 _ 平面車站
啟用日期 _ 1922.10.11
上行車站 _ 龍港車站
下行車站 _ 新埔車站

周邊延伸景點

山海秘境、好望角、
台鹽通霄精鹽廠

白沙屯拱天宮媽祖廟 · 百萬信徒轉動時代的信念

拱天宮媽祖廟是白沙屯居民的信仰中心，從白沙屯車站沿著左前方的道路直行，可以來到白沙屯最熱鬧的聚落，接著過了平交道，即可到達拱天宮媽祖廟。拱天宮供奉的媽祖神像歷史比拱天宮更悠久，當地人稱為「大媽」。每年固定往北港進香，回鑾時讓寂靜的白沙屯湧入大量香客，空前盛況、好不熱鬧。不是進香廟會的季節，金碧輝煌的廟宇孤傲地矗立在街道盡頭，百年來都靜靜的守護著白沙屯聚落。

廟宇位置 _
苗栗縣通霄鎮白東里 8 號

拜訪小叮嚀

· 白沙屯車站平時停靠區間車居多，偶有對號列車莒光號停靠。

· 白沙屯車站距離熱鬧的聚落需步行約 15 分鐘。

52
龍港車站

路過人間，路過曾經繁榮的風景間

褪色的導盲磚，導引我跟著走，導引著在生活迷失的我們
日子久了，好像便會失去目標，換來一種麻擱生活。
我們人生的賞味期限，是幾年？路過人間，無非也就幾個年…

↑
N

公司寮 ★

🚉 龍港車站

從後龍轉乘區間車南下，駛過了湍急的後龍溪，來到距離溪畔不遠的龍港車站。無人管理的龍港車站，月台旁的雜草搖曳，天空有些灰，強風從四面八方吹來，捲起了陣陣沙塵，勾勒出車站孤寂的光景。黯淡的天，黯淡的車站，這是我對龍港車站的第一印象。

穿越雜草覆蓋的出口，來到龍港車站好像在冒險似的。剝落磁磚的水泥房，外牆早已被芒草圍成一圈，拉下的鐵門，鏽蝕的斑駁痕跡黯淡無光，不是一日所造成。要不是建築上的招牌寫著斗大的「龍港車站」四字，真的很難想像這是一座正在營運中的車站「站房」。

穿越了跨站天橋，忽然一股味道隨風飄來。往味道的方向看去，另一側的月台已滿是居民曬著菜圃干的傑作。或許是龍港車站太少人下車，附近居民已把月台當成自家曬場，曬起了菜干。

從月台一側的破碎出口出站，月台圍牆邊是居民的小小菜園，接著一路之隔就是住家聚落。忽然間，一隻叼著魚的小貓蹬上了矮牆，彷彿是對著我說：「跟著我走吧！」我於是追隨著牠，穿梭在狹小的巷弄中。又一個靈活的跳躍，牠就這樣翻過了另一座牆，消失在爬滿絲瓜的屋頂上。

走在無人的街道上，發現村落中有一間柑仔店，我躡手躡腳的試著窺探裡頭。鋼鐵架上掛滿了小時候愛吃的零嘴，冰箱內擺放著市面上少見的飲料，而小時候花個五元就可以抽到獎的紙牌還在，懷舊的陳設，即便沒有開燈也相當通亮。收銀台旁的電風扇上沾滿灰塵，一邊轉動，一邊發出嘎嘎的聲響。未關的電視，催眠著打盹的阿婆，她白髮蒼蒼，臉上的斑點刻下她的年紀，是白日夢趕走了她的暑氣，似乎這個夏天的炎熱與她無關。而且睡夢中的阿婆露出淡淡的微笑，真可愛。

我打開了冰箱門，正想挑選一瓶冰涼的飲料來驅趕身上的暑熱，一不小心打擾了阿婆的白日夢。還未回神的她看見我的動作，淡定的說：「全部十元！」又繼續閉上雙眼養神去。對於阿婆的冷靜，我還處於驚魂未定的狀態，深怕她會以為我是來偷飲料的呢！放下了十元，帶著沁涼的飲料，我繼續往港口的方向前進。港邊一位收著漁網的居民看見我的到來，熱情地跟我說著關於這裡的故事。他口中的龍港，在早期因為漁業極度繁華，是各地討海人的朝聖地，極盛時期更擁有電影院與旅館。對比今日眼前風景的落寞，讓人難以想像這裡曾經是繁華的漁村。講著講著，差點忘記了時間。我趕緊告別了居民，告別了港邊裡寥寥的竹筏，跑回龍港車站，趕在列車即將關門的那一瞬，跳上車。

龍港車站的設置，並沒有替龍港帶來二次繁榮。列車開走的身影，是那樣的輕快、那樣的令人意外。

INFO

台鐵車站編號 _ 2140
所屬路線 _ 海岸線
位置 _ 苗栗縣後龍鎮龍津里 80 號
站體型式 _ 平面車站
啟用日期 _ 1922.10.11
上行車站 _ 後龍車站（海）
下行車站 _ 白沙屯車站（海）

公司寮 · 繁華如雲煙，僅剩悠閒的老聚落

　　「龍港」早期名為「公司寮」，港內燈火通明的熱鬧景象更被列為苗栗八景之一的「寮港歸舟」。雖然漁港現在已經正名為龍港漁港，但是走在街道內還是可以看見住戶掛著舊名公司寮的門牌，這也是當地老一輩居民堅持沿用的鄉土記憶。公司寮的街道雖然看得出有刻意經過營造，指標和社區的圍牆皆有些許的設計，但是觀光卻沒有因此發展起來。整個村落內有許多的老厝保存良好，也有幾間廢棄的房子已經呈現出一種歲月的痕跡，讓我抹殺了好多的快門數。

　　村落內鮮少會有住戶在外走動，大多住戶都是害羞不愛與人交談的老人家，而村內最熱鬧的地方是龍港的信仰中心「五福宮」。沿著五福宮前的巷弄走，3 分鐘不到就可以到龍港漁港。公司寮村內也沒有任何的餐飲店，只有幾間傳統的小雜貨店，整個社區沒有太多的喧擾，在公司寮可以悟出最悠閒的步調。

拜訪小叮嚀

- 龍港車站僅停靠區間車，約 1 小時一個班次。
- 公司寮並沒有餐飲店，欲覓食的朋友建議前往通霄或是後龍等大車站。
- 龍港的老厝內依然有住戶居住，或是遇到住戶記得先打個招呼再拍攝。
- 冬季的公司寮因緊鄰後龍溪口，風勢非常強勁，建議做好禦寒準備。

53 大山車站

無論多久還是牢記弦外之音

太陽如常升起、月亮如常落下，
背著生活的苦澀，度過一段又一段陰暗的日子。
流星劃過的瞬間，才想起，是時間留住了我，
還是我讓時間流走了。
旅行途中的弦外之音，總讓人一輩子牢記。

外埔漁港●

🚃大山車站

↑
N

杏仁露刀削冰
後龍慈雲宮小吃● ★後龍黑輪伯

●英才書院
●客家圓樓

　　背著行囊，搭著海線區間車南下的途中，窗外一支支巨大的風車，在離岸的海上轉動著。萬里晴空襯托下，風景格外純淨，這是搭乘海線列車，最美的展望。一邊看著窗外美麗的即景，身旁一個小男孩天真地數著窗外的風車，搖醒了昏昏欲睡的媽媽。

「風車為什麼一直轉呢？」小男孩問道。
「因為風車很熱愛它的工作，所以很認真的一直轉著。」媽媽回答。
　　但這個答案似乎讓小男孩很不滿意，皺了皺眉頭，不發一語。

　　列車長開始驗票，車廂內沒有太多的旅客，但每一個他好像都認識一般，都能簡單地寒暄幾句。忽然間廣播響起：「大山站到了！」我起身要下區間列車，身旁的小男孩也跟著媽媽起身，在車門旁等著，接著說：「那哥哥也跟我們在一樣的地方下車耶！」媽媽對我微微笑，我們便一起下了車。在月台上和小男孩揮手告別後，月台上空盪盪的，徒留我與對面的人山車站，靜靜對峙。

走上了連接月台與車站間的天橋，扶手的地方已經鏽蝕斑白。試圖從天橋上的鐵窗看風景，鐵網雖遮擋了天橋上的視野，卻擋不住那股海上來的涼風。來到大山車站的大廳，木造結構的樑柱，灰白的夯土牆，拼湊出時光的重量，一抹琥珀色的陽光穿越玻璃窗，落在長條木椅上，飄飄的煙塵，點亮了大山車站的歲月感。

在大山車站，或許是海線的區間車班次不多，因此等候的時間感覺被拉得很長，卻也多了些時間，讓人在車站探索。這座檜木建造的日風老車站，木造車站外牆門框上，掛著斗大的匾額，上頭寫著「大山」二字。寄生在車站斜屋頂縫的蒲公英，搖曳著鄉村的悠哉情調，大山的一切，是時光流動後產生的溫柔，呼應了站前的老厝，雖然破舊，卻有著越老越迷人的痕跡。

等車的時候，想起車上那段媽媽與小男孩對話，這一段絃外之音。或許未來男孩長大了，便會了解這個世界的潛規則，更會被無形的社會秩序，銬上了枷鎖、推著前進。

INFO

台鐵車站編號 _ 2110
所屬路線 _ 海岸線
位置 _
苗栗縣後龍鎮大山里明山路 180 號
站體型式 _ 木造車站
啟用日期 _ 1922.10.11
上行車站 _ 談文車站
下行車站 _ 後龍車站

周邊延伸景點

外埔漁港、英才書院、客家圓樓、
後龍慈雲宮小吃

後龍黑輪伯 ‧ 從高中吃到而立之年的記憶黑輪味

　　後龍黑輪伯是大學時期同學帶我來吃的一間後龍名店。各式關東煮泡在熱湯中，從黑輪、菜捲、苦瓜、蘿蔔等等應有盡有，如果不知道要吃什麼，店家還推出了各種組合套餐。每次只要到後龍，便會來這間店報到，吃熱呼呼的關東煮吃到滿身大汗，卻也吃得回憶滿滿。

店家位置 _
苗栗縣後龍鎮三民路 120 號

杏仁露刀削冰 · 季節限定！賣完就收攤的杏仁露

在慈雲宮對面的杏仁露刀削冰，是當地開業超過五十年的老字號店鋪。每年只在夏季期間營業，但杏仁露配上傳統刀削碎冰、最後再擠上一點檸檬汁，總是吸引了許多人前來品嚐這一口在嘴裡酸甜冰涼的古早味。當天最後一碗粉條被我買走，許多居民前來購買杏仁露發現粉條賣完了露出失望的神情，甚至還誓言隔天一定要再來買到，由此可見，傳承六十年的好滋味依然令人無法抗拒。

店家位置 _
苗栗縣後龍鎮三民路 120 號

拜訪小叮嚀

· 大山車站僅停靠區間車。

54

新埔車站

停格的再見

台北有一座新埔捷運站，苗栗則有一座新埔車站。
兩座車站雖然撞名，卻有不同的命運。
新埔車站是海線僅存的幾座木造車站，
因為距離海岸較近，海風常年吹得特別強勁，
月台用水泥圍繞起的柵欄後方，滿滿的枯木一排，
蕭瑟的風景，是新埔車站給人的第一印象。

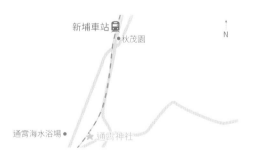

　　在火車上，看著小雨珠在車窗外被風吹得拉出一條條的痕跡。火車一路奔馳、加速往南前進，終於闖出了那煩人的驟雨線，來到竹南。接著在竹南車站轉乘區間車，我繼續沿著海線往海的那一端前進。這條海線是我最喜歡的一條路線，從區間車上可以看見河水滔滔蜿蜒到出海口的風景，接著是巨大的風車，在海岸線上一字排開，賣力轉動著。睡意正要來敲門時，終於來到了遙遠的「新埔車站」。

　　站在月台上，目送區間車離站。遠遠的，就已經看見站長在出口等候著旅客出站，但我回頭看向月台，只有我一個人下車。穿越了天橋、走到了閘口，把票根給了站長，站長下意識的就把它準備回收。

「等等，我要留著做紀念！」我緊張地喊著。
「做紀念喔？跟我進來我幫你蓋章！」站長豪爽地說。

　　站長走進了站長室，原以為他是要幫我蓋上普通的站別證明章，沒想到是拿出「鐵路之旅－小站巡禮紀念章」，幫我蓋在小小的車票上，而且還蓋歪了。因為太特別、也太開心了，我特別大聲地跟站長說了聲「謝謝！」

走進木造的車站大廳，小小的，並不特別寬敞，散發著一種歲月累積過後、頹圮氣味。但它的命運不像談文車站一樣，至少還配有一位人員駐守著車站。大約十步路程，就能從閘門走到出口，車站外則是幾棟小民宅。除了附近居民偶爾會使用此車站外，大多是被木造車站所吸引而來的遊客。

如果搭區間車來新埔車站，由於海線列車班次少、停靠新埔的班次又不多，在車站內逗留的時間也被拉得很長。但也正因為這樣，讓人可以享受旅途中的空白。等車的同時，突然有隻小花貓不知從哪裡冒出來，在我腳邊磨蹭著，露出無辜的雙眼看著我。接著又跑來了另一隻小貓，或許牠們已經把這平時鮮少人來喧擾的車站當成自己的家，熟悉地在車站內的候車座位跳上跳下，最後就在木條長椅下，窩在一起睡著了。我按下快門，想捕捉牠們可愛的睡覺模樣。車站太安靜，快門所發出的聲音太響亮，兩隻小貓每聽到一次快門聲，就豎起耳朵凝望著我。而站長也在售票亭內觀察著我與小貓的互動，笑著說：「牠們是最近才來的新訪客，但也沒有要趕走牠們的意思。」畢竟新埔車站一日的旅客相當稀少，有這兩隻可愛的小貓陪伴著一人駐守新埔車站的站長，想必站長以後就不會太過孤單。

利用等車的時間，細細閱讀這座車站上的歲月紋理。平靜的大廳吹來了台灣海峽的冷風，鹹鹹的海風裡，伴隨著淺淺的浪花聲。區間車進站，劃破了車站內的平靜。上了車，看著窗外的站牌，雖不知何時會再訪這座車站，但新埔車站的記憶，也因為有了兩隻小貓與站長，更令人難忘了。

INFO

台鐵車站編號 _ 2160
所屬路線 _ 海岸線
位置 _ 苗栗縣通霄鎮新埔里新埔 57 號
站體型式 _ 木造車站
啟用日期 _ 1922.10.11
上行車站 _ 白沙屯車站（海）
下行車站 _ 通霄車站（海）

周邊延伸景點

秋茂園、通霄神社、通霄海水浴場

通霄神社 · 日式禪風的古樸韻味

過去台灣被日本統治的時期，各地都有大大小小的神社。只是隨著時間過去，有的神社被剷除、有的頹圮，而有的則是幸運地被保留下來。留下來的神社許多都被就地「台灣化」，有些被改造、有些則被改建，與日本看見的神社樣貌雖然骨架相同，外皮卻有些許相異。在通霄虎頭山上的通霄神社，就是當時被保留下來的神社之一，二次大戰後拜殿部分被改為「忠烈祠」使用，所以神社上可以看見黨徽的圖樣。中日合璧的建築風格很特別，更在 2002 年 11 月 26 日被指定為歷史建築。有機會來新埔車站，不妨順遊來此參訪。

神社位置 _
苗栗縣通霄鎮虎頭山公園

拜訪小叮嚀

· 新埔車站僅停靠區間車。
· 新埔車站前後僅有住宅區，無任何商家及攤販。

55

日南車站
後來，隨暮色消逝的月台

聽著音樂，等待著區間車進站。

歌單跳到一首「後來」，「有些人，一旦錯過就不再。」

如若這次又給自己一個藉口，或許就沒有機會與衝動再來了

往往是那些衝動，讓那些容易擦身而過，留下了。

↑
N

日南車站 🚉

●鐵砧山風景區

大甲鎮瀾宮●

高美濕地 ★　★高美燈塔

　　一場盲旅，意外地搭上了海線區間車。因為天色漸晚，加上二月的天氣冷峻，一直思考著是否要在日南車站下車？但因為日南車站班次停靠不多，讓人掙扎不已。正當我還在煩惱時，區間車已經悄悄進站了，沒有多餘的時間可以考慮，最後是衝動把我從這班車推下，在關門的那一刻，踏上了日南車站。那是 2014 年冬天，第一次來到日南車站的意外插曲。

　　時間過了數年，又搭上了區間車再次來到日南車站。區間車緩緩離站，看著眼前同樣的光景，只是體感的冷風成了一陣暖風，時間雖然來到 6 點，但盛夏的白天感覺走得特別慢，天還是亮晃晃的，日南車站也隔著地下道與站在月台上的我，二次見面了。

睽違多年，再次帶著當年台鐵剪票員先生接過我手中的車票，蓋上的日南車站證明章，二訪了日南車站。車站外的西式木架屋簷依然烏黑，是剛剛一場午後雷雨沖刷的關係，讓車站鵝黃色的外牆因此變得更加深了。走在當年記憶中的日南車站，同樣的路線，車站的樣貌似乎卻有些不同了。側面的牛眼窗，依然像是車的眼睛，圓滾滾的，看著來往的旅客。1922 年啟用的日南車站，目前為台中市市定古蹟，也是台鐵海線上僅存的幾座木造車站之一。與談文、大山、新埔、追分等站，採用幾乎一樣的「洋和風形式歇山頂建築」，雖然說這幾個車站的面貌大同小異，但也因為地點與受保護的程度差異，而有了不同的命運。

學校的鐘聲敲響了沉默的日南車站，向晚的斜陽照進車站的地面上，光線跟著分鐘緩緩移動著。想起當年冬季的陽光，也是如此穿透了車站窗，明亮了大廳的地板。我回到月台，回首暮色下的日南車站，站牌已經被彩霞染紅了淡淡的一角，屋頂上也點亮了第一顆星星。

INFO

台鐵車站編號 _ 2190
所屬路線 _ 海岸線
位置 _
台中市大甲區孟春里中山路二段 140 巷 8 號
站體型式 _ 木造車站
啟用日期 _ 1922.10.11
上行車站 _ 苑裡車站
下行車站 _ 大甲車站

周邊延伸景點

大甲鎮瀾宮、高美濕地、高美燈塔、
鐵砧山風景區

高美濕地 · 湛藍水波下的顛倒世界

　　高美濕地因為天晴時擁有著湛藍的水波、美麗的天光而馳名。濕地位於台中市清水區西北處，早期高美地區的海灘深度能將撐船的竹竿整支吞沒，稱為「高密」；在台語發音上高與竹竿的「竿」發音同，密則有淹沒的意思，故得其名。目前的「高美」一名則是日治時期所改的稱呼，旁邊的小聚落就是高美里。每年秋冬之際會有大批的候鳥抵達高美濕地，是許多候鳥的度假勝地。濕地上柔和的草原，海灘上追逐的招潮蟹，活潑可愛的彈塗魚，無限的生機在此孕育而生。

　　早期高美濕地曾經是台中非常熱門的海水浴場，但在民國 65 年台中港完工後，高美海水浴場因泥沙日漸淤積，最後終告關閉。因此讓高美海水浴場有了喘息的時間，進而蛻變成為我們目前所認識的高美濕地。

高美燈塔 ‧ 不再發光的燈塔

　　來到高美濕地很多人會有個疑問，高美濕地旁這個紅色煙囪到底是什麼？其實它不是煙囪，它是貨真價實的一座燈塔—「高美燈塔」。高美燈塔興建於民國 56 年，為八角形的建築主體，漆上紅白相間的色彩，含主燈高達 38.7 公尺。當初興建的目的是為了彌補桃園的白沙岬燈塔與澎湖北端目斗嶼燈塔的海域間，因沒有明顯的指引標誌，因此以引導航行船隻為目的，不過後來卻在民國 71 年停用了。目前燈塔的主燈放置於台中港區的遠東倉儲頂樓裝設，高美燈塔也只剩下主體，供人悼念這座不再發光的美麗燈塔。

拜訪小叮嚀

‧ 日南車站僅停靠區間車。

‧ 日南車站仍常態性販售名片式車票，購買後可持名片式車票直接或加價搭乘列車。

56

南樹林車站

展開列車的休息站

從桃園搭上區間車，一路北上，列車剛駛過山佳車站不久，
廣播聲響起：「南樹林站到了。」
車上乘客紛紛露出神秘的眼神，
彷彿在心中想著什麼時候山佳及樹林間多了這一站？
這是在南樹林車站剛開通的那一天，我搭著區間車，
從他們臉上的表情，解讀出的南樹林車站印象。

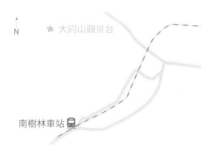

↑
N　　　★ 大同山觀景台

南樹林車站 🚆

2015 年 12 月 23 號，南樹林開通的第一天，我像是要前往跨年般，興奮地搭著區間車，緩緩前進這大台北中難得開通的新車站。這座台鐵新誕生的南樹林車站，是台鐵近年為了軌道提升運能，不斷加強鐵路的運輸系統。除了台北基隆間三軌化之外，也在台灣各地紛紛設立了許多新的通勤車站，這項計畫稱之為「台鐵捷運化」，而這座南樹林車站，就是在這樣的計畫中應運而生的。

採跨站式設計的南樹林車站，站體採用鋼骨混凝土的三層結構設計，站房設計成曲面屋頂，並融入綠建築設計概念，設有太陽能光電板及回收雨水的功能。外觀呼應「樹林區」，採大樹之意象，以綠色的玻璃帷幕搭配咖啡色的鋼骨架構築起外觀。車站大廳則透過網印玻璃，讓陽光肆意地灑落在車站大廳，營造陽光穿透樹冠灑落的情境，窗明几淨。沿著車站的階梯走，每一步、每一階都引用了各式有關「樹林」兩字的詩詞，替整座車站添了滿滿的文學氣質。

新的車站有一股新的氣息，南樹林車站和浮洲車站一樣，都小巧可愛，也都僅有一座島式月台停靠「區間車」專用。在狹長的月台上可以看見對面緊鄰著台鐵「樹林調車場」，這裡是台鐵許多東部幹線的發車地，在南樹林車站內可以就近欣賞到各式列車進出場的畫面，普悠瑪、太魯閣號整齊地停靠在一旁，彷彿像是走進了火車的家。

INFO

台鐵車站編號 _ **1050**
所屬路線 _ **縱貫線**
位置 _ **新北市樹林區中山路二段 230 號**
站體型式 _ **跨站式站房**
啟用日期 _ **2015.12.23**
上行車站 _ **樹林車站**
下行車站 _ **山佳車站**

大同山觀景台 · 盆地裡最美的百萬夜景

　　大同山及三角埔頂（又名羌子寮山）位於樹林區、龜山鄉交界處，海拔只有237公尺。由於少有外地遊客能觸及到大同山步道，這裡一直是屬於新北市樹林、迴龍、山佳等地居民假日休閒的秘密花園。後來隨著社群網路的傳播，三角埔秋季芒草搖曳的景致隨之傳遞出去，許多人慕名前來登上大同山、三角埔眺望芒草花海。

　　除了芒花季之外，平常的大同山其實也有不錯的景致可以看。天氣好的時候，站上大同山景觀台可以眺望大台北盆地，能見度高的午後可以清楚地眺望北投、淡水、陽明山等地，甚至還可以看見九份的雞籠山，視野非常開闊，是許多攝影玩家的「攝影秘境」，更有人會帶著野餐墊，坐在山頂邊，從日落到傍晚，欣賞華燈初上的百萬夜景。

拜訪小叮嚀

· 南樹林車站僅停靠區間車，車站旁設有 Youbike 站點。
· 大同山及三角埔頂地點較為偏遠，建議開車自駕或騎共享機車前往。

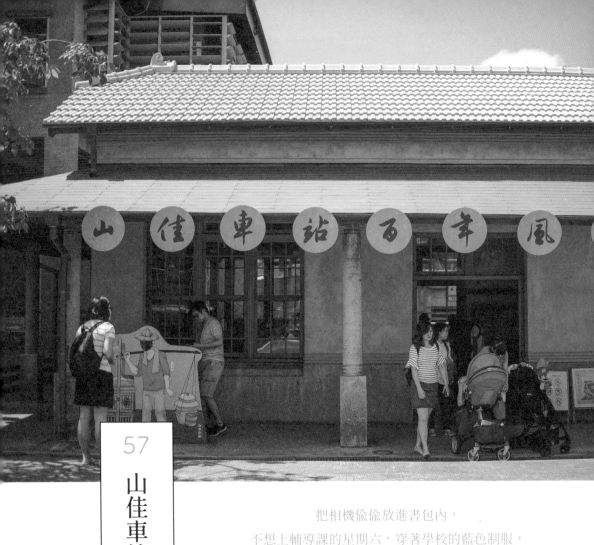

57

山佳車站

一張逃離紛擾與制度的車票

把相機偷偷放進書包內，
不想上輔導課的星期六，穿著學校的藍色制服，
帶著興奮的心情奔進車站，掏出口袋的十五元銅板，
按下自動售票機的按鍵，落下一張通往「自由」的車票。
世界上曾經有一個地方，帶我逃離了那制度與紛擾。

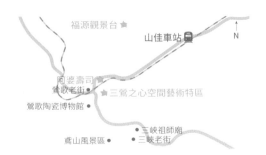

福源觀景台 ★

山佳車站 🚉

N ↑

阿婆壽司 ●
鶯歌老街 ● ■ 三鶯之心空間藝術特區
鶯歌陶瓷博物館 ●

● 三峽祖師廟

鳶山風景區 ● ● 三峽老街

　　回想起高中時期的自己，沒有太多的時間與經費能去遠方旅行，只能偶爾偷偷到距離桃園不遠處的山佳車站或鶯歌車站走走。「山仔腳到了！」列車的廣播突然響起，提醒昏昏欲睡的我，該下車了。十年後，依循著記憶中的路線，再次回到了山佳車站。

　　新北市樹林區的山佳車站，是樹林車站與鶯歌車站中間的通勤小站。設站初名為「山仔腳停車場」，舊名為「山仔腳」，意指山腳下的意思。因台語「山仔腳」的發音唸起來很像「山佳」，後正名為「山佳車站」，設站距今已經有百年的歷史。

　　山佳地區有豐富的礦產，車站早期主要以運礦為主、載客為輔，隨著當地礦產採盡完畢，車站卸下了運礦的任務，轉型為通勤車站，服務起來往的旅客。台鐵近年推動鐵路捷運化的關係，百年歷史的車站站體一度面臨被拆除的危機。後在各界人士奔走之下，山佳老車站順利列入為新北市古蹟，並原地保留，讓老站房躲過了被拆除的命運，形成了山佳車站有兩座不同時空車站共存的經典畫面。

功成身退的山佳車站復舊回「日治時期」的模樣，並將候車室打造成展覽空間，結合「山佳鐵道公園」及「蓋淡坑煤礦遺址」，沿著鐵道重拾被遺忘的煤礦故事。

而新的山佳車站則採跨站式站體設計，玻璃帷幕上掛著斗大的時鐘，是新山佳車站的特色之一，簡約又不失大方。車站也興建了原來沒有的電梯，服務身障朋友、也服務拖曳沉重行李的旅客，輕鬆直通二樓車站大廳。傍晚坐在老山佳車站的候車室，吹著微涼晚風，過去翹課來山佳旅行的回憶一一浮現眼前，我就像車站前的那棵大樹，年輪增長、日益茁壯，年紀讓人有了擔當，卻也無法重拾過去的年少與輕狂了。

INFO

台鐵車站編號 _ 1060
所屬路線 _ 縱貫線北段
位置 _ 新北市樹林區中山里中山路 3 段 108 號
站體型式 _ 跨站式站房
啟用日期 _ 1903.10.07
上行車站 _ 南樹林車站
下行車站 _ 鶯歌車站

周邊延伸景點

福源觀景台、鶯歌老街、鶯歌陶瓷博物館、
三峽老街、三峽祖師廟、鳶山風景區

三鶯之心空間藝術特區 · 網美與他們的打卡產地

　　三鶯之心空間藝術特區除了龍窯橋、三鶯藝術村之外，其中最受網美們喜愛的，就是這座結合鶯歌陶瓷文化重鎮意象的「藝術地景」作品「坯」。直徑 25 公尺、高 15 公尺的「坯」形塑陶土，在手拉坯過程中的型態，由於高達五層樓，周邊又沒有比它高的建築，如果仔細取景，可以拍到非常特別的畫面。而「坯」周邊也圍繞著許多與陶瓷相關的裝置藝術品，如巨大的盤子、水杯、水瓶、陶甕、湯匙、咖啡杯等等，放大的各式餐具，有趣的空間讓許多人特別前來拍照打卡。

景點位置 _
新北市鶯歌區館前路

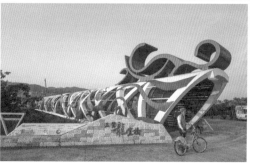

福源觀景台 · 我的私房秘境眺晚霞

夏日的夕陽無限好，每當夏日傍晚，我總喜歡前往位於新北市鶯歌區的「福源山觀景台」眺望最美的日落風景。對於外地人來說，福源山是一座非常陌生的山，但對鶯歌當地的朋友來說，則是假日休閒的好去處。山上有令人驚艷的「百年榕樹群」與視野遼闊的觀景台，依循完善的登山步道上山，站在視野遼闊的觀景台，將鶯歌、三峽、土城、大溪、八德、大桃園地區盡收眼底。能見度高的時候，還可見「桃園機場」和「台北 101」，是看夜景的極佳聖地。

景點位址 _
沿著樹林民和街上山，依循寫著大榕樹的指標前進即可抵達。

阿婆壽司 · 鹹蛋涼麵配味噌湯的鶯歌老滋味

　　説到拜訪鶯歌必吃的美食，就非「阿婆壽司」莫屬！阿婆壽司是我從小吃到大的店家，猶如便利商店一般，二十四小時營業，讓餓了想吃的時候隨時都有熱騰騰的美食可以吃。

　　除了壽司之外，蒸蛋、涼麵及關東煮都是店裡很受歡迎的單品，尤其壽司相當大份、價格卻很便宜，當地人也都把阿婆壽司當作主餐在吃。我最愛夏天來買鹹蛋涼麵外帶，回家冰鎮一陣子後追劇配著吃，阿婆壽司用各種美好滋味填滿了我小時候的旅行記憶。

店家位置 _
新北市鶯歌區中正一路 63 號

拜訪小叮嚀

· 山佳車站僅停靠區間車。
· 福源山觀景台入夜後因街燈不多關係相當昏暗，建議日落後早早下山，別逗留太晚。

58

北湖車站

光與風的入口

月台右側一對情侶依偎坐在長椅上候車，閃亮光芒讓人羨慕不已；
月台左側一位戴著黑色膠框眼鏡的男學生，手上抱著幾本書，
不斷看著手錶，露出列車怎麼還沒進站的表情。
而我，則是泰然的觀察著他們。
我們雖然有著不同的心情，
卻在同一個月台上，等著前往同一個方向。

在台鐵推動捷運化之後，新車站在鐵路網上如雨後春筍般冒出。位於富岡車站與湖口車站之間，歷經了兩年的施工，北湖車站誕生了，成了鄰近「中國科技大學」湖口校區學生的通勤站，副站名也取為中國科大站。

北湖為「北湖口」簡化而來，是列車南下進到新竹後的第一站。而北湖車站主要的用途為各級列車進入富岡車輛基地的緩衝區，待維修車輛駛入北湖車站暫停後，再送往車輛基地維修。一班區間列車緩緩進站，月台上的人群蜂擁而上，緊靠著未開的列車門，你看我、我看你地展開諜對諜作戰，誰都想搶得一個好位置，一路安穩睡到站。如今，我像是個局外人看著這樣的場景，心理浮現一種奇妙感受，原來我的大學時光也是如此度過！

僅停靠區間列車的北湖車站為簡易通勤站，採用低調的「灰色系」築起訪客的第一印象。半開放式的車站，以 C 型鋼架包覆起月台層，感覺就像是「黑炭口味的蛋捲」。並在屋頂上設置了 396 塊的「光電太陽能板」，將所收集到的電力用在車站照明燈光及冷氣上。月台上的穹頂更特意簍空，引渡了更多光線進入車站內照明，讓車站不用打太多燈也能通亮，候車時也能感受到新竹的涼風。

北湖車站加入後，為台鐵新的路網畫下歷史性的一刻，讓火車不再是專屬大城市與大城市之間的長途接駁之用，也讓中國科技大學的同學們有了新的乘車記憶，在他們的大學記憶中，有了一席之地。

INFO

台鐵車站編號 _ 1150
所屬路線 _ 縱貫線
位置 _ 新竹縣湖口鄉東興村北湖路 1 號
站體型式 _ 下嵌式平面車站
啟用日期 _ 2012.09.28
上行車站 _ 新富車站
下行車站 _ 湖口車站

周邊延伸景點

富岡老街、湖口老街、老湖口天主堂、新埔老街

湖口老街 · 紅磚牆上的深刻光影

　　早期劉銘傳所鋪設的鐵路延伸至湖口地區，並在此設有「大湖口火車碼頭」而帶動當地繁榮。隨著鐵路路線遷移，原本的「湖口車站」移到下北勢地區，使原本熱鬧的老湖口商圈開始衰退。目前老街入口處的天主堂，正是在舊車站原址上建造的。

　　於日治時期整建而成的湖口老街，由兩條街道交會而成。近年居民與政府社區合作翻修老街牌樓、店亭、石板路與綠化工程，湖口老街有了新的風貌。走在長 300 公尺的老街內，閩南式的房舍構築，露出閩式風情濃郁的紅磚原色，牌樓立面採羅馬巴洛克建築，二樓窗戶和女兒牆間有水泥楣點綴，商號名稱鐫刻其上，東西方建築藝術的融合是整條老街最有特色的地方。沒有太多的改造，湖口老街保留了早期台灣街道最完整的面貌，很值得花點時間，到此探索一遊老湖口的歲月足跡。

老街位置 _
新竹縣湖口鄉湖口老街

味衛佳柿餅加工廠 · 渾圓飽滿的橙色泡泡

　　重陽節前後的新竹，刮起陣陣的九降風，新埔鎮的祖先靠著特有的季節風，發展出台灣最大宗的曬柿餅產業。每當九降風吹起時，新埔的家家戶戶就會把柿子放在竹篾之上，拿到陽光下曝曬、風乾。百年來依循著先人智慧，讓秋天的新埔，空氣中飄散著柿子的香味，不曾散去。

　　曬柿餅是秋天必拍的題材，味衛佳柿餅加工廠是新埔最著名的柿餅加工觀光工廠，盛況從十月初開始延續到十一月中旬。洗淨去皮後的柿子曝曬在陽光下，形成整片黃橙橙的浪海，畫面壯觀讓人感動。記得把握秋天，跟著秋風到新埔與柿餅約會吧！

地址 _
新竹縣新埔鎮旱坑里
11 鄰 35 號

拜訪小叮嚀

· 北湖車站僅停靠區間車。

· 湖口老街在假日比較熱鬧,若非假日拜訪許多商店可能沒有營業。

· 前往新埔曬柿前可先上官網或電話洽詢,活動秋季限定。

59

崎頂車站

你的名字，
裝在柳橙色的記憶中

赤腳走在沙灘上，腳印被雪白的浪花覆蓋。
巨大的白色風車一字排開，
海岸旁有我們一行人坐在肉粽角上合照的身影。
那一張照片，定格了鵝黃的夕陽，
也鎖住了我們 17 歲在崎頂的熱血記憶。
也提醒著我們，不再單純的以後，別忘了曾經單純的自己。
敬，我們的盛夏光年。

17公里海岸線
賞蟹步道
香山天后宮

香山豎琴橋

崎頂子母隧道
崎頂海水浴場　★崎頂觀景台
　　　　　　🚍崎頂車站

N

搭著列車南下過了新竹，蜿蜒數里海岸線，一字排開的風車，像是打開了我的回憶觀景窗，一件件往事就這樣掉了出來。每個人在學生時期總有三、五個熱血好友，無論去哪，說走就走，當時的熱血也替自己往後的人生，留下了一段最美好的片刻時光。還記得第一次到崎頂車站，是和高中同學暑假的約定，我們背著書包，裝滿了餅乾和汽水，搭了區間車來到了這藍白相間的崎頂車站，到崎頂海水浴場玩水。原來，純粹的快樂，在當時是這麼容易的事情。

平均進站人次不過百人的崎頂車站，是一座僅停靠區間車的無人招呼站，保有鄉間最悠閒的寧靜，對許多人來說，也不過就是個小站。但迎接盛夏的崎頂，因鄰近崎頂海水浴場，交通地理位置相當方便，帶來了大量玩水的人潮，冬日則又回歸寧靜，醞釀著下一季的歡騰。

其實，崎頂早期原有一座木造站房，1996年拆除後車站，就一直維持兩條側式月台，並以天橋跨過鐵路為連接。簡易式候車區則以白底藍色漆粉刷，迎接每一個來到崎頂玩水的旅客，也成為年輕人拍照打卡的聖地。

一個人重返了崎頂車站，穿越過無人驗票與剪票的月台閘口，車站旁的松木依然張開雙臂，替旅客擋著耀眼的日光；樹旁的小徑，是當時充滿我們歡笑聲的方向。遠望前站的社區，入口的彩繪牆面跟記憶中的一樣，雖然斑駁，卻還在。也多了一些年輕人追隨著動漫場景，在那段階梯拍攝下屬於這個時代的「你的名字」。

崎頂車站有我高中時期的記憶，時間雖然偷走了青春，卻改寫不了那段美好的回憶。

INFO

台鐵車站編號 _ 1240
所屬路線 _ 縱貫線
位置 _ 苗栗縣竹南鎮崎頂里北戶 55 號
站體型式 _ 平面車站
啟用日期 _ 1928.03.12
上行車站 _ 香山車站
下行車站 _ 竹南車站

周邊延伸景點

老衢觀海（崎頂景觀台）、
崎頂子母隧道、崎頂海水浴場、
香山豎琴橋、賞蟹步道、香山天后宮、
17 公里海岸線

香山豎琴橋 · 光影之間的風城之門

　　風城之門位於新竹市香山區，位於「17 公里海岸線」的南端，橫跨了西濱快速道路，為行人與鐵馬專用的天橋。因造型優美似豎琴，許多人也直接稱它為「豎琴橋」，是許多攝影愛好者眼中的絕美拍攝地點，更是新竹的特色城門。當美好的夕陽逐漸染黃了風城之門，隨著時間不同，橋身特殊流暢線條造型所形成的光影都略有變化，在此欣賞美麗的日落，浪漫得讓人難忘。

橋樑位置 _ 新竹市香山區西濱公路 5 號

老衢觀海 · 通往黃昏的風車小徑

　　崎頂的舊名為「老衢崎頂」，「崎」是山坡的意思，「衢」則是指道路，組合起來，老衢崎頂就是在山坡頂上的老街。崎頂車站的前站有一個小小聚落，跟著聚落旁的小徑指標前進，約 10 分鐘左右即可抵達「老衢觀海」平台。「衢」這個字相當少見，觀景平台上的衢字也貼心的寫上了注音「ㄑㄩˊ」。站在觀景台上，可以清楚看見矗立在蜿蜒海岸線上轉動著的雪白風車。晴朗的傍晚，更可在此欣賞美麗的暈黃日落，是個相當浪漫的觀景台。

　　繼續前進約 10 分鐘路程，則可來到崎頂的子母老隧道，目前規劃成步道供遊客散步。隧道分為崎頂一號（長 131 公尺）與崎頂二號隧道（66 公尺），兩條隧道的間距不長，可以直接貫穿隧道一側的風景。隧道主體是由日本時代所遺留下，內襯紅磚保存的相當完整。炎夏時刻走在洞內，吹來徐徐微風，是夏日旅行避暑的好地方。

景點位置 _
苗栗縣竹南鎮仁愛路 2386 號

拜訪小叮嚀

· 崎頂車站僅停靠區間車。

· 崎頂車站附近並無商店，夏日前來此旅行的朋友建議自行攜帶水與食物。

60

橫山車站

櫻花紛飛的鳴笛聲

工作久了，很久沒有花心思在自己喜歡的事情上，
也總是說今年沒賞到的花，明年依然會再盛開。
不過花謝了，明年會再開，
但明年的我們，還有機會一起去賞花嗎？

🚉 竹東車站

↑
N

橫山車站 🚉　🚉 九讚頭車站

拜訪小叮嚀

・ 橫山車站僅停靠區間車。

有人說內灣線上的「橫山車站」是台灣的「櫻花車站」，我認為名符其實。說到新竹賞櫻，通常都會先想到新竹縣的內灣老街，那邊有一條小徑，在春天時櫻花總是滿開的「櫻木花道」，幾年前我也朝聖過一次。後來沿著內灣線鐵道一站一站拜訪，才發現，最漂亮的賞櫻地點，就位於橫山車站。

初期的內灣線路網圖中，橫山車站並不存在。因為鐵路架設到橫山村後就必須「捨直取彎」，並且還得要增加興建一座鐵條。由於當時橫山村只要每逢颱風或豪雨就會發生洪水，當地的橋樑常常流失，造成住在村裡的居民進出不便，有時候更形同孤島。後來地方人士盼望有個安全回家的路，積極爭取下，官方將原有的內灣線進行了修改設計，才將路線延伸至現在橫山村的位置，橫山車站因而誕生。

內灣車站與橫山車站同屬新竹橫山鄉，但橫山車站的知名度遠比內灣低很多。沒有華麗的站房、也沒有熱鬧的老街，一條長長的遮雨棚、緊靠著省道與民宅，風景樸實、乏味，鮮少有旅客願意下車探訪。不過，隨著春日的暖風吹來，台灣各地的春櫻接棒盛開，橫山車站鐵軌旁整排的櫻花樹也齊力綻放。三月之後，櫻花滿開，當黃色的內灣小火車行駛過櫻花拱起的隧道，勾起一陣櫻花雨，隨風飄散的粉紅風暴，歡迎著旅客的到來。霎時間，真的有那麼一點在日本鐵道賞櫻的感覺。

INFO

台鐵車站編號 _ 1204
所屬路線 _ 內灣線
位置 _
新竹線橫山鄉橫山村 10 鄰橫山 97 號（無站房）
中豐路一段 310 號對面
站體型式 _ 平面車站
啟用日期 _ 1950.12.27
上行車站 _ 竹東車站
下行車站 _ 九讚頭車站

61

天送埤車站

下一站，幸福是否缺貨？

呈現日式建築的天送埤車站過去曾經繁華，
如今卻只剩車站的軀殼。
因為偶像劇「下一站幸福」在此取景，
進而吸引了許多劇迷前來朝聖，
讓原本孑然一身的車站又有了喧嘩聲。
但隨著偶像劇的退燒，還能有多少人記得它的存在呢？

天送埤車站　●三星青蔥文化館

●清水地熱

●太平山森林樂園

　　在宜蘭的耆老口中聽聞過，早期曾有條森林鐵路支線從羅東車站拉出，一路延伸上了太平山，稱為太平山森林鐵路，並在沿途設立了 10 個車站用來客運，而天送埤車站正是其中一個車站。在林業停止開伐和政策無情催化下，森林鐵路廢除了，沿線的鐵道也逐一拆除，幸運的車站如天送埤車站能夠完整保留下來，不幸的車站可能連殘垣破壁都看不見了。

　　隨著軌道及月台拆除後，保留下的車站站體內部整理成展覽室，展示著當時車站裡原有的場景和物品。而牆上那張時刻表，勾勒出天送埤過往的繁華，一幕幕彷彿都看得見過去居民在此候車的景象。站在車站門廊下，那粉藍色的外觀雖浪漫動人，但沒有火車進站的火車站卻更顯孤單，車站內外都能深刻感受到這歸於平淡的歷史，那森林小火車的汽笛聲只存在過去耆老的回憶裡。或許有天，天送埤車站會有個改變命運的轉捩點吧！

INFO

所屬路線 _ 太平山林業支線（廢止）

位置 _
宜蘭縣三星鄉福山街福山橫巷 27-41 號

站體型式 _ 木造車站

啟用日期 _ 1921 年

廢站日期 _ 1979 年

周邊延伸景點

三星青蔥文化館、清水地熱、
太平山森林樂園

拜訪小叮嚀

· 前往天送埤車站建議自行開車或是租借機車，客運雖有抵達但班次不多。
· 夏日午後的宜蘭山區多雨，夏季時節前往，建議攜帶雨具再出發。

古莊
Guzhuang

62

古莊車站

黃金隧道串連的遙遠古莊

列車駛過枋寮後，房子轉變成魚塭，
平行軌道兩旁的風景開始變得冷清。
往台東的方向繼續前進，穿過最南端的枋山車站，
進入隧道，原本相伴的台灣海峽也隨之說再見，
便是綿延的山脊相隨這段長途旅行。

N

●大鳥遊憩區

大武彩虹村　★大武濱海公園

古莊車站　●金龍湖

　　鐵路沿枋山溪畔前進，荒蕪的山景與河谷，伴隨著一座又一座的山洞，忽明忽暗之間，像是切換幻燈片，讓人期待著下一個場景的出現。鐵路穿過了中央山脈的尾巴，隨即來到了古莊車站，雖與上一站之間有著 26.9 公里的距離，卻使屏東與台東之間變得零距離。

　　古莊車站與枋山車站之間隔著最遠的距離，兩座車站也是眾多車站中運量最低的車站，因為兩座都是最難抵達的「秘境車站」。比悲傷更悲傷的是，枋山車站還在苦撐營運中，古莊車站卻已經在 2017 年 10 月謝幕下台，正式退出了台鐵客運車站的行列。

　　2015 年，古莊車站還在營運的時候我曾經以自駕的方式前去拜訪。前往的路途中，雖然跟著導航走，蜿蜒的小徑卻有一種讓人以為迷了路的感覺，更難以想像冷僻的山裡會有一座車站。不過終於看到車站的時候，也對於山中有這樣一座大型的車站而感到驚訝。

　　南迴線試車營運期間就設立的古莊車站，雖然距離鄰近的古庄部落不遠，也距離大武鄉公所、大武市區很近，但車站的位置過於冷僻，停靠的班次又非常稀少，眾多不方便的原因之下，大多居民都改利用鄰近的南迴公路，無論是開車、客運都比搭火車更便利，讓這座車站營運當時幾乎沒有人利用，導致它最後走入了歷史中。

古莊車站雖然偏遠，卻有著獨特的月台風景。由於車站前後都是隧道，站在月台上，視野便能筆直的貫穿隧道，看見出口。當列車通過時，傳說中的「黃金隧道」便會出現。鐵道迷口中的「黃金隧道」，其實是列車進入隧道後的那一剎，隧道壁面會被車燈照得發亮，就像是黃金般閃爍著金光。陰暗的日子中更是明顯，但過程不到一分鐘，沒有抓緊時間拍下就只能再等下一班車。

後裁撤為號誌站的古莊車站，目前站體還在，大門卻已經深鎖，讓人無法進入到月台層欣賞那秘景，黃金隧道也就此被封印。不過，2020 年時大武鄉公所發出新聞稿，即將認養古莊車站，並重新整理環境，開放車站讓遊客來觀光，也意味著被塵封多年的「黃金隧道」，即將重新點亮。

INFO

台鐵車站編號 _ 210
所屬路線 _ 南迴線
位置 _ 台東縣大武鄉尚武村古莊 83 號
站體型式 _ 平面車站
啟用日期 _ 1992.10.05
停辦客運 _ 2017.10.01
上行車站 _ 大武車站
下行車站 _ 枋山車站

周邊延伸景點

大武濱海公園、金龍湖、大鳥遊憩區、
大武彩虹村

大武濱海公園 · 我在台九線 420 里「就是愛你」

台9線南迴公路段的改善工程完工後，道路拓寬，旅客往返台東、屏東間變得更加安全且便利。也因為拉直工程，讓全線里程數減短了，因此，沿線許多打卡景點的位置也都洗了牌，稍做了改變。

在南迴公路 420 公里處，有一座人氣里程指標「台9線420公里」取諧音「就是愛你」。原本在路邊的位置，因為公路拉直里程改變，便從太麻里鄉多良附近搬家到更南邊的大武鄉，新的里程碑也剛好在大武濱海公園旁，現在結合公園設施，重新整理成一座讓人可以打卡、看海兼休憩的新園區。

拜訪小叮嚀

· 由於古莊車站地點偏遠，如要拜訪，建議以開車方式前往最為方便。

63 竹崎車站

— 掀起炮仗花的頭紗

剛剛告別了冬季，春天迫不及待挾帶著南方的暖陽，

熱情地覆蓋了嘉義的蒼穹。

蒼穹下的竹崎車站，穿上蒂芬妮藍外衣，

露出淡淡的幸福微笑，

來往車站的人們也被濃濃的幸福感包圍了。

阿里山鐵路從嘉義市出發,來到了竹崎車站。這座夢幻的蒂芬妮綠色站體,第一眼看還以為這是誰的家?直到看見車站匾額上寫著「竹崎」兩個大字,才恍然大悟,原來這是一座「竹崎車站」。

竹崎車站興建於 1906 年,座落在嘉義竹崎鄉,是旅客搭乘阿里山森林鐵道離開北門車站後的第二站。在台灣眾多車站中,竹崎車站以相當罕見的顏色展現自己的特色,是台灣目前幾座僅存的「全木造」車站。

無人的車站內，無人售票的售票窗口緊閉，看似歇業中的竹崎車站目前還是有在營運的。沿著車站走進月台，木板構成的長條月台，每一步都伴隨木頭與釘子的摩擦聲，發出「乖乖」的聲響，比起一般的水泥月台，走起來更有一種味道。阿里山森林鐵路上的每個車站皆設有「海拔高度」的看板，提醒著旅客現在海拔爬升了多高，沒想到列車來到竹崎車站時，海拔已經來到 127 公尺了！竹崎車站也是阿里山鐵路由平原地形爬升往高山地形，「平地線」與「山地線」的分水嶺，從此之後，便是漫長的爬坡之行。

等下一班車的同時，發現車站旁的矮房上披滿了盛開的炮仗花，宛如蓋上頭紗的新娘，在炮仗花所形成的簾幕下拍了幾張照片。我就不客氣的收下這春天捎來最美麗的色彩了。

INFO

所屬路線 _
阿里山森林鐵路阿里山線

位置 _
嘉義縣竹崎鄉竹崎村舊車站 11 號

站體型式 _ 木造車站

啟用日期 _ 1912.10.01

周邊延伸景點

竹崎親水公園、鹿麻產車站、
瑞里風景區、仁義潭水庫

拜訪小叮嚀

· 參觀竹崎車站不用買月台票，敞開的大門讓遊客可以自由參觀瀏覽。

64

虎尾車站

— 記憶裡的快樂比重

從小在雲林長大，
小時候常和奶奶一起搭著破舊的冷氣公車前往虎尾買東西。
在我的印象中，虎尾是小時候夢寐以來的地方，
在當時曾經擁有過雲林第一間百貨公司「三商百貨」，
讓它成為雲林人休閒時候必去的城鎮，
也是小時候奶奶帶我去買玩具的地方，
有著我記憶中濃厚的快樂比重

有次在虎尾公車站等公車的時候，看見了一座平交道，天真的問了奶奶：「帶我去虎尾搭火車好嗎？」

「憨孩子，虎尾已經沒有火車可以搭了。」
「那為什麼火車的鐵軌還在？」我接著問。
「火車已經回家了。」奶奶笑了笑說。

那時候還不懂這句話的意思，長大後才了解，原來當時虎尾就已經沒有火車站了。過去有條以運送物料至虎尾糖廠的支線，從斗南車站分歧延伸而出，並且在虎尾市中心設立了虎尾車站。車站除了運糖、也兼辦客運業務。

隨著糖廠的沒落，虎尾車站也跟著廢站，僅留下當時的虎尾車站站體，閒置在市中心。全木造的虎尾車站在古蹟整修的意識抬頭下獲得一線生機，原本被刷上淺綠色的站體、殘破不堪，在大力翻修後，還原了它本該有的樣貌，不僅充分保留了車站原木色調，更刻意取名為「虎尾驛」。走在其中，看見糖廠的倉庫，雖然車站已經廢站無用，但還保留著當時的糖業鐵路，鐵路上更停了幾輛糖業小火車，過去的售票口也完整保留，彷彿還可以探頭找站長購票一般。

INFO

所屬路線 _ 虎尾線（廢止）
位置 _ 雲林縣虎尾鎮中山路 10 號
站體型式 _ 木造車站
啟用日期 _ 未知
廢站日期 _ 未知

周邊延伸景點

合同廳舍、虎尾圓環、雲林故事館、
虎尾糖廠、雲林布袋戲館、虎尾舊鐵橋

車站內部空間轉型為商店，主力販售當地產業的特色紀念品，如布袋戲偶模型、以毛巾製成的造型玩偶等等，更有販售雲林當地的農特產品做為伴手禮。並串連附近的「雲林布袋戲館」、「雲林故事館」及「虎尾合同廳舍」，成為年輕人來虎尾觀光，必去的景點。

虎尾車站曾是虎尾人對外連結的主要門戶，隨著時代的變化，喧囂繁華走入歷史，昔日車站的風華，期待有緣人來感受時光的重量。

虎尾舊鐵橋 · 世代變遷的見證者

　　虎尾鐵橋位於虎尾糖廠旁。虎尾鐵橋原本是一座木製橋樑，日治時期委託英國工程師設計，改建為鋼構的鐵橋。2012 年蘇拉颱風來襲時，約有 50 公尺橋樑遭到大水沖走，目前能看到的僅留下前段，相當可惜。鐵橋上鋪設的是五分軌，是早期專門給糖業火車使用的專門橋，後來也兼做載人之用。整座橋身全長約 437 公尺，分為三段高矮不一的鋼構橋連結而成，橫跨了虎尾溪，更是全台唯一可「拆卸」的橋樑。

雲林故事館 _
雲林縣虎尾鎮林森路一段 528 號

雲林布袋戲館 _
雲林縣虎尾鎮林森路一段與中山路交叉口

虎尾合同廳舍 _
雲林縣虎尾鎮林森路一段 491 號

拜訪小叮嚀

· 虎尾市區三間博物館的開館時間皆不同，探訪前記得先查詢開放時間。

承載時光的虎尾三兄弟　·　雲林故事館、布袋戲館、合同廳舍

　　若說花東是時間最平靜的地方，那麼雲林就是時光走得最緩慢的地方了。來到雲林這個農業大鎮，最熱鬧的兩個城市分別為「斗六」和「虎尾」，但這兩座城市沒有太多的現代開發，連市區大多都保持著早期的面貌。走入斗六，街道雖擁擠但卻悠閒，走入虎尾則好像走入時光的隧道中，一切充滿古樸。

　　雲林故事館為早期的郡守官邸，曾有許多雲林地區的高官入住其中，也曾經閒置多年，在整頓後成了當今舉辦常態展覽的博物館。雲林布袋戲館原為雲林縣舊警察分局，外觀以三合院的大器格局、搭配二層樓的磚木造廳舍，是虎尾地區最具氣勢的官方建築，現為展示布袋戲偶的相關文化展覽。

　　來到雲林布袋戲館對街，灰色的高聳建築相當醒目，合同廳舍為日治時期消防隊觀測失火位置與通報的救災建築物，更是早期虎尾最高的建築地標。古蹟翻修整建之後，由星巴克及誠品書店進駐，讓古建築以一個新面貌展現。來到虎尾市區，除了虎尾車站必探訪之外，雲林故事館、布袋戲館和合同廳舍更是不容錯過的三大景點。

馬 蘭
MA-LAN

台東車站 ←→ 台東
4.1公里   2.4公里

65 馬蘭車站

長眠於記憶中的時空車站

鐵道是許多旅人拜訪台東時的第一選擇。
許多人抵達台東後會覺得,台東車站前怎麼冷冷清清,
不像其他縣市車站一片熱鬧喧嘩的景象。
其實,目前的台東車站是新站,
原來,過去的台東車站並不在於此。

↑N   馬蘭車站 🚂
                        ●台東森林公園
                      ★寶町藝文中心
台東鐵道藝術村●   ★台東國際
                          新地標
●豐源國小

在台東線廢除之前，台東車站舊站位於台東市區內，為目前的台東鐵道藝術村，也是台東線的終點。沿途設立了兩個無人小站，分別為檳榔車站、馬蘭車站，在台東線鐵路廢除後，這兩個小站也在世人的印象中逐漸被淡忘。隨著遷站，市區的繁榮景象也沒有跟著遷移過來新站。

馬蘭車站位於台東糖廠後方，1922 年設立後伴隨台東人走過 79 個年頭。雖然廢除了鐵路支線，但馬蘭車站的舊址依然矗立在此，站體也由鐵路局租給民間業者做為餐廳，但營運不佳，目前已歇業。車站內保有當初設立的月台與軌道，火車卻不再行駛於此路線了，車站的主體也已經遍尋不著，留下這些軌跡，讓馬蘭車站在台東人的記憶裡長眠。

INFO

台鐵車站編號 _ 002
所屬路線 _ 台東線
位置 _ 台東縣台東市馬蘭里東糖街 91 號
站體型式 _ 平面車站
啟用日期 _ 1922.04.20
廢站日期 _ 2001.08.01

周邊延伸景點

台東鐵道藝術村、豐源國小、
台東國際新地標、台東森林公園、
寶町藝文中心

寶町藝文中心 ‧ 寶町三十八番的寧靜

　　來到寶町藝文中心，有種身梭時光回到日據時期的感覺，它隱藏在車水馬龍的中山路旁，是台東最寧靜的角落。寶町昔日為街役所，也就是今日我們所稱的鎮公所，共有六間日式木造建築。木製的日式建築有種懷舊的木頭香味，這些日式宿舍於昭和十一年興建而成，為日治時代遺留的市公所宿舍，台東歷屆的市長、鎮長等長官都曾居住於此，對於台東來說，是相當重要的歷史建築。寶町的外圍曾經築起一道高牆，用來保護官邸內的長官，如今這些圍牆已拆，讓這些曾經遙不可及的官邸宿舍，重新用一種親和的方式在世人面前展現。

　　寶町藝文中心為台東文學館的籌備處，館內起居間的隔間已被打通，原有的衣櫥與櫥櫃也成了藝術作品的個別展區，不定期舉辦各式藝文活動與展覽，讓寶町充滿濃厚的藝術氣息。

　　古色古香、草木扶疏的寶町藝文園區是台東地區保存最完整的日式建築，很適合下午前來走走，感染著台東風情的藝文氣息。

景點地址 _
台東市中山路 184 號

台東國際新地標 · 光影璀璨的夢幻亮點

台東國際新地標與台東森林公園的自行車道串連，車道長達 5 公里，沿途風景從森林轉換到海濱、草原，最後來到了台東國際新地標，景色讓人心曠神怡。

台東國際新地標竹編造型的外觀和嘉義市區的「森林之歌」有著異曲同工之妙，白天充滿南國風情的外觀，入夜後點起璀璨光雕以嶄新的面貌出場。我坐在其中逗留，夏夜的海風拂過臉龐，唯美浪漫。雖然寶桑亭已不在，但新的景點卻讓許多來台東的旅客締造了新的旅行記憶，是體驗南國旅行的最佳去處。

拜訪小叮嚀

· 馬蘭車站已廢站，無法以搭乘列車方式前往。
· 馬蘭車站位於台東糖廠旁，拜訪最佳方式為自行開車或在當地租乘機車前往。

六桂

博芳

66 義竹車站

—— 糖鐵蛻變成的鐵馬道

過去雲嘉南種植甘蔗的人很多，日本人更規劃了許多條糖鐵路線，用來運送甘蔗到糖廠的專用軌道。
沿途因經過許多村落，糖鐵順道兼辦起客運服務，設置車站、並用五分車串連起當時不發達的客運路網，是沿線居民對外的交通工具。

東石港●

布袋港●　　●布袋鹽山
好美里濕地●
　　　　　　義竹車站
　　　　　　　　★橋南老街

井子腳鹽田●

N

位於台 19 縣旁的義竹車站，是過去的糖鐵車站，現在則成為嘉義鐵馬道的中繼休息站，也是義竹居民遊憩休閒的公園。義竹車站過去為台南鹽水的「岸內糖廠」鐵路支線的其中一站，後來肩負起義竹居民前往鹽水、新營、嘉義、台南等地的交通重任，為當地唯一的通勤車站。據說，過去只要是「蔗農子弟」，乘坐台糖小火車都可以享受免費優待。隨著時空變遷，糖鐵路線廢止後，小火車的身影也悄悄地在時代裡消失，登出了許多人的記憶。但「義竹鄉公所」意識到這樣下去，未來的子孫可能無法了解過往的歷史，於是將充滿歷史的義竹車站重新整建，以新的形態與世人相見。

整修後的義竹車站，以藍白相間的色調構起整個車站的意象，燈牌更以村里的名稱來表現出義竹當地的本土味。過去的售票亭雖已無售票，在陽光穿透樹冠的光影搖曳中，卻更有韻味。沿線的糖業鐵路雖都已拆除改建成鐵馬道，運輸的功能已不復在了，但仍刻意保留了迷你月台，讓人用想像的方式，感受過去五分車進出站的模樣。

我在想，若是通往當時的鐵路還留著的話，或許能發展出跟平溪線或集集線一樣的糖鐵觀光支線，成為熱門景點也不一定。

INFO

所屬路線 _ 布袋線（廢止）
位置 _ 嘉義縣義竹鄉岸腳村第 6 鄰岸腳 47 號
站體型式 _ 平面車站
啟用日期 _ 1913.03.08
廢站日期：未知

周邊延伸景點

橋南老街、井子腳鹽田、布袋港、
布袋鹽山、好美里濕地、東石港

橋南老街 · 帶著遺失的美好緩步前進

因港內的地形略微彎曲，型如新月，故被稱為「月津」港，早期曾有「一府、二鹿、三艋舺、四月津」的俗諺。原居住的住民有西拉雅族，之後開始有漢人移民進入，多以船隻航行於八掌溪之上來到鹽水，港邊也成了貨物交易的市集，形成橋南老街最熱鬧的榮景。

老街位置 _
台南市鹽水區橋南街

隨著時光變遷，橋南老街的風華塵封在記憶中，而這些見證過時代的老房，依然挺立在老街，走入之中，生活痕跡已經取代了過往的商業脈絡，安靜得好像時光按下了靜止按鈕一般。

拜訪小叮嚀

· 義竹車站需搭乘公車或自行開車才能抵達。
· 義竹車站與鹽水相近，建議可延伸至鹽水市區景點一日遊。

2AF219

原來有這站：

台灣秘境鐵道旅，探訪山城聚落、海岸風景、特色景點的火車深度漫遊提案

作　　者　許傑
責任編輯　溫淑閔
主　　編　溫淑閔
版面構成　江麗姿
封面設計　任宥騰

行銷企畫　辛政遠、楊惠潔
總 編 輯　姚蜀芸
副 社 長　黃錫鉉

總 經 理　吳濱伶
發 行 人　何飛鵬
出　　版　創意市集

發　　行　城邦文化事業股份有限公司
　　　　　歡迎光臨城邦讀書花園
　　　　　網址：www.cite.com.tw

香港發行所　城邦（香港）出版集團有限公司
　　　　　香港灣仔駱克道 193 號東超商業中心 1 樓
　　　　　電話：(852) 25086231
　　　　　傳真：(852) 25789337
　　　　　E-mail：hkcite@biznetvigator.com

馬新發行所　城邦（馬新）出版集團
　　　　　Cite (M) SdnBhd
　　　　　41, JalanRadinAnum, Bandar Baru Sri Petaling,
　　　　　57000 Kuala Lumpur, Malaysia.
　　　　　電話：(603) 90578822
　　　　　傳真：(603) 90576622
　　　　　E-mail：cite@cite.com.my

印　　刷　凱林彩印股份有限公司
　　　　　2024 年（民 113）1 月　初版 8 刷
　　　　　Printed in Taiwan
定　　價　380 元

客戶服務中心
地址：10483 台北市中山區民生東路二段 141 號 B1
服務電話：（02）2500-7718、（02）2500-7719
服務時間：週一至週五 9：30 ～ 18：00
24 小時傳真專線：（02）2500-1990 ～ 3
E-mail：service@readingclub.com.tw

※ 詢問書籍問題前，請註明您所購買的書名及書號，以及在哪一頁有問題，以便我們能加快處理速度為您服務。

※ 我們的回答範圍，恕僅限書籍本身問題及內容撰寫不清楚的地方，關於軟體、硬體本身的問題及衍生的操作狀況，請向原廠商洽詢處理。

※ 若書籍外觀有破損、缺頁、裝訂錯誤等不完整現象，想要換書、退書，或您有大量購書的需求服務，都請與客服中心聯繫。

※ 廠商合作、作者投稿、讀者意見回饋，請至：
FB 粉絲團‧http://www.facebook.com/InnoFair
Email 信箱‧ifbook@hmg.com.tw

版權聲明　本著作未經公司同意，不得以任何方式重製、轉載、散佈、變更全部或部分內容。

國家圖書館出版品預行編目（CIP）資料

原來有這站：台灣秘境鐵道旅，探訪山城聚落、海岸風景、特色景點的火車深度漫遊提案 / 許傑著 . -- 初版 . -- 臺北市：創意市集出版：城邦文化發行，民 110.01
面；　公分 .
ISBN 978-986-5534-25-7(平裝)
1. 火車旅行 2. 臺灣

733.6　　　　　　　　　　　　　　　109017778